中小学教师  培训用书

教师专业发展

杨 晓◎编 著

ZHONGXIAOXUE JIAOSHI PEIXUN YONGSHU

Jiaoshi Zhuanye Fazhan

北京师范大学出版集团
BEIJING NORMAL UNIVERSITY PUBLISHING GROUP
北京师范大学出版社

图书在版编目（CIP）数据

教师专业发展/杨晓编著. —北京：北京师范大学出版社，2013.8（2019.3重印）
（中小学教师培训用书，卫建国主编）
ISBN 978-7-303-16422-6

Ⅰ.①教… Ⅱ.①杨… Ⅲ.①中小学—师资培养—研究
Ⅳ.①G635.12

中国版本图书馆 CIP 数据核字（2013）第 094398 号

营 销 中 心 电 话　　010-58802181　58805532
北师大出版社教育科学分社网　http://gaojiao.bnup.com
电 子 信 箱　　gaojiao@bnupg.com

出版发行：北京师范大学出版社　www.bnup.com
　　　　　北京新街口外大街 19 号
　　　　　邮政编码：100875
印　　刷：三河市兴达印务有限公司
经　　销：全国新华书店
开　　本：730 mm×980 mm　　1/16
印　　张：9
字　　数：124 千字
版　　次：2013 年 8 月第 1 版
印　　次：2019 年 3 月第 4 次印刷
定　　价：16.00 元

策划编辑：陈红艳　　　　　责任编辑：陈红艳
美术编辑：纪　潇　　　　　装帧设计：纪　潇
责任校对：李　菌　　　　　责任印制：陈　涛

序 言
PREFACE

　　教育大计，教师为本；有好的教师，才有好的教育。这不仅成为国人的共识，而且也成为全球各国有识之士的共识。在当代中国，随着基础教育改革的不断深入，人们逐渐认识到，更新教育观念，提高教育质量，深化教学改革，归根到底取决于教师的素质和水平。没有好的教师，就难有好的教育，就难以培养高水平的学生，教育教学改革也难以进行下去。提升教师素质尤其是提升农村中小学教师素质，努力造就一支师德高尚、业务精湛、结构合理、充满活力的高素质专业化教师队伍，是推动我国基础教育发展的根本保障。

　　高等师范院校作为培养教师的基地，在提升中小学教师素质方面肩负着义不容辞的责任。随着教师教育改革的不断深化以及教师教育职前职后一体化进程的全面推进，高等师范院校的职责也发生了新的变化。高等师范院校不仅要继续担负教师教育职前培养这一传统的任务，培养高素质的中小学教师；而且要承担教师教育职后培训这一新的任务，提高现有中小学教师队伍的素质。从近几年高等师范院校教师教育改革的实践看，高等师范院校在中小学教师职后培训方面可以大有作为。

　　首先，高等师范院校可以为中小学教师提供职后培训，提升中小学教师素质。这种培训可以是全方位的，包括教育观念、教学模式、专业内容、课程培训、岗前培训、入职培训、听课评课指导等。

　　其次，高等师范院校在研究基础教育、引领基础教育的教学改革与发展方面可以大有作为。简言之，高等师范院校要不断创新服务基础教育的形式，提高服务基础教育的能力，通过研究和服务基础教育，引领基础教育的发展方向。

这是一项十分重要的任务，也是一项比较困难的任务。在这方面，教育部直属高等师范院校做了大量工作，地方师范院校做得还比较欠缺，需要加大工作力度。

最后，高等师范院校可以在中小学建立教研科研基地，帮助和带领中小学教师共同进行教研科研活动，提高他们的教研科研能力。这是高师院校教师的优长所在，也是在更深入和更高层次上服务基础教育和引领基础教育的活动。

为了适应教师教育改革和中小学教师职后培训需要，我们在多年进行中小学教师职后培训实践的基础上，编写了这套中小学教师职前与职后培训用书。

本套用书在策划和编写过程中，始终强调要体现三个特点：其一，前瞻性或前沿性：教材内容要反映本学科发展的最新成果和发展趋势，观点要新，内容要新。其二，实践性、实用性、可操作性：紧密结合中小学教育教学实际，贴近中小学教师工作实际，立足于管用和应用，选择与中小学教育教学密切相关的重要问题加以讨论。其三，简洁性与可读性：简单明了，形式力求活泼。突出案例教学，或以案例为主线呈现教材内容，用鲜活生动的案例表现教材内容，避免空谈理论。

我们深知，提高中小学教师的整体素质是一件复杂而困难的工作，不是编写一套书或讲几节课就能解决问题的。但有一套内容观点先进、实践性和应用性强、形式简洁灵活的培训用书，毕竟也是一件十分重要和必要的工作。我们的这项工作愿意为提升中小学教师素质尽绵薄之力。

是为序。

卫建国
于山西师范大学
2013 年 5 月 10 日

目 录
CONTENTS

专题一　教师专业发展的内涵

■ 一、专业、教师专业化与教师专业发展

（一）专业与教师专业

专业（profession）首先是在社会学中研究的一个内容。研究者福瑞德逊认为专业是正式的全日制的职业；专业应该拥有深奥的知识和技能，而这些知识和技能可以通过教育和训练获得；专业是服务于大众的荣誉公仆，设想它们与其他职业的主要区别在于特定的服务定位，即通过学者式地应用它们非同寻常的深奥知识和复杂技能服务于公众的需要。[①]

教师专业是医生、律师、神甫和教师早期传统的四大专业之一，是中世纪西方大学孵化和成长的结果，直到十八九世纪才开始具有特定的专业意蕴。[②] 20世纪60年代，国际劳工组织和联合国教科文组织的《关于教师地位的建议》，描述了教师这种专业的特点："教师工作应被视为一种专门职业。它要求具备经过严格而持续不断的研究才能获得并维持专业知识与专门技能的公共业务；它

---

① Freidson, E. Professionalism Reborn: Theory, Prophecy, and Policy, Cambridge: Polity Press, 1994.

② Kimball, B. A. The"True Professional Ideal"In America, Cambridge: Blackwell Publishers, 1992.

要求对所辖学生的教育与福利拥有个人的及共同的责任感。"①1993 年我国颁布了《中华人民共和国教师法》，第一次以法律的形式规范了教师职业的性质、权力、资格、作用、培养、培训、考核、待遇、奖励、法律责任等。该法律明确指出："教师是履行教育教学职责的专业人员。"2012 年我国制定了《中学教师专业标准》、《小学教师专业标准》、《幼儿园教师专业标准》。这一系列教师专业标准是国家对幼儿园、小学和中学合格教师专业素质的基本要求，是教师实施教育教学行为的基本规范，是引领教师专业发展的基本准则，是教师培养、准入、培训、考核等工作的重要依据。

教师成为一个专业主要原因如下：

1. 教师专业是一个正式的全日制职业

一个正式的全日制职业意味着具有教师这一共同身份的教师群体在全日制的基础上从事着与其他职业有着实质性不同的确定活动，并以此作为他们谋生的主要手段，享有职业秘密和习俗，具有共同的教育语言和工作风格。

2. 具有专门的知识和接受专门的教育

教师这个职业要求教师具有深奥而且实用的知识和技能体系。这个体系包括关于教育这一专业的知识和为教育这一专业的知识。关于教育这一专业的知识是从事该专业实践的核心知识，包括教育的专业知识和专业能力，这些专业知识和能力主要包括：学生发展知识、学科知识、教育教学知识、通识性知识和教育教学设计能力、组织与实施能力、激励与评价能力、沟通与合作能力、反思与发展的能力等。为教育这一专业的知识是从事这一专业实践的辅助知识，包括相关的学科领域。高等教育在教师教育知识体系方面做了大量的工作，即专业知识体系的系统化（发展成课程）、结构化（组合成专业课程计划）、合法化（课程和课程计划获得确认的过程）和传承（传授给准专业人员）。

3. 专业组织和伦理法规

专业的成员发起诸如学会、协会、联合会等组织，设立章程和伦理法规，

---

① 筑波大学教育学研究会. 现代教育学基础. 上海：上海教育出版社，1986.

保护和提高他们的个人利益，规范专业人员的行为，以保护客户和公众的利益。我国中学、小学、幼儿园教师专业标准明确指出，教师专业标准是依据《中华人民共和国教师法》、《中华人民共和国义务教育法》、《儿童权利公约》、《国家中长期教育改革和发展规划纲要（2010－2020 年）》，借鉴多国教师专业标准以及教育研究理论成果而制定的。

4. 服务和社会利益定向

教师专业服务于学生的利益，为满足学生的需求和发展为旨归，为此获得合适的回报以满足他们自己的利益需求。但在服务一个个学生的时候，要时刻把社会的需要和利益放在首位。为了实现这种利他服务，专业建立一套一致认可的伦理标准，界定在提供专业服务时恰当和非恰当的行为。所有的教师在教育教学过程中须自我规范和自我调节并遵从这套标准。

5. 社区的支持和认可

教师通过专业服务学生，使社会认可其社会角色、身份和行为规范，从而国家为教师专业设置一个特许的保护——1993 年颁布的《中华人民共和国教师法》。这个法律明确规定："教师是履行教育教学职责的专业人员。"这种保护通常是以法律文件的形式出现，其中包括从事这一专业所需资格条件以及界定哪些行为是非专业与非法的。国家、社区通过立法、文件对教师专业进行保护，标志着社会对一个专业明确的认可。

6. 自治

成熟专业都有维护自身权益的高度自治的组织。其目的是保护专业地位；保护和提高会员利益；强化个人和团体的责任感；保护和造就专业人员；建立专业化的专业服务产品；孕育和维持一个专业特定的知识和服务的意识形态。

国际教育界广泛应用的是利伯曼（M. Lieberman）定义的"专业"，他认为教师专业应当满足如下基本条件：①范围明确，垄断地从事社会不可缺少的工作；②运用高度的理智性技术；③需要长期的专业教育；④从事者无论是个人、集体均具有广泛的自律性；⑤专业的自律性范围内，直接负有作出判断、采取行为的责任；⑥非营利，以服务为动机；⑦形成了综合性的自治组织；⑧拥有应用方式具体化了的伦理纲领。

（二）教师专业化

教师专业化是指教师职业专门化的过程。因为教师这种职业常常被人视为"准专业"、"半专业"，所以教师群体努力争取使这一职业成为"专业"。1974年霍伊尔用专业主义来表示为提高本职业的社会地位、收入和改善工作条件所采取的策略和手段。而实现这一目标的过程被称为"专业化"。教师专业化的理论基础来自专业社会学，它认为整个社会由不同层级的职业群体构成，并将那些因具备一个独特性质并能在整个职业结构中占据较上层社会位置的职业群体称为"专业"。

20世纪80年代以来，教师专业化逐渐在世界范围内形成了一场声势浩大的改革运动，对教师专业化的探索达到了空前的高度。美国在《国家处于危险之中》、《准备就绪的国家——21世纪的教师》等法律和文件中都推进了教师专业化的研究和实施，强调教育改革成败的关键是教师。1980年以"教师的专业发展"为主题的《世界教育年报》指出教师专业化包括以下两个目标。其一，视教师为社会上职业层序以至社会分层中的一个阶级，因此专业化的目标就在于争取专业的地位与权力及力求集体向上流动。其二，教师是一个在教室内教导学生及提供教学服务的工作者，因此他们亦需要把提高教学水平、扩展个人知识和技能作为发展方向。后一个目标被称为是教师的专业发展。[①] 1986年，美国卡耐基财团组织的"全美教师专业标准委员会"研制了《教师专业化标准大纲》，这是迄今为止第一个明确界定教师专业化标准的文件。

国内，虽然从政策文本上已经将教师职业视为专业，教师视为专业人员，但在现实层面上，教师专业化水平并不高，教师群体的生存状况也没能体现出

---

① Hoyle. E. Professionalization and Deprofessionalization in Education. World Yearbook of education 1980；Professional Development of Teachers. London；Kogan Page，1980.

一个成熟专业拥有的基本特征。但这并不意味着教师与专业化之间的关系就决裂了，相反，它需要国家、社会、教师、学校以及教师自治组织等齐心协力地促进教师专业化。

[阅读链接]

教师专业化的现实困难

教师成为专业职业仍然面临一些现实困境。[①]

1. 教师工作的现状

尽管有研究表明自改革开放以来，我国教师的社会地位和经济收入已经有了长足的提高和改善，但是实际情况仍与专业要求有很大距离。首先，教师的社会地位和待遇与其他行业相比，与其社会贡献不符。其次，教师的工作仍受制于学校组织的科层管理，在决定和选择教学内容、教学方式和教学评价等方面自主权有限。尽管近年来的教育改革倡导权力下放，但权力下放到学校层面之后是否能贯彻到个体教师身上，尚存疑问。最后，虽然教师总是被推向改革的浪尖，但他们却不是改革的共同决策者和参与者，而只是改革的对象和执行人。在这个过程中，教师更多的是受所谓的专家指导被动地吸收各项改革的动议，执行改革的措施。因而，实际上教师的工作中仍然面临"去专业化"的挑战。

2. 有限的自主权

教师在教育改革甚至在日常教学中始终是无权的角色，直到现在其自主权仍然局限于教室之内。如果连基本的自主权都无法控制，奢求教学成为专业则是无从谈起。从此入手，越来越多的学者开始关注教师自主权的问题，提倡赋权增能，希望能从改变权力关系的角度推进教师专业化的发展。

3. 文化心理习惯的约束

在文化传统的影响下，习惯地偏重教师专业化过程中个体内在因素的能动

---

① 卢乃桂、王晓莉. 析教师专业发展理论之"专业"维度. 教师教育研究，2008(11).

作用。这一路径的选择恰好契合了我国传统的文化思维习惯，由内而外，内圣外王是中国传统文化中一直所推崇的原则。我们相信，只要教师的教学知识和技能有所提高，责任感增强，就会得到社会的承认和信任，继而获得更多自主权和威信，那么成为一个专业便也顺理成章了。这固然反映了一种美好心愿，希望通过教师内在素养的提升自然而然地达到专业化的目标。这一假设的路径是否可行目前尚未可知，但内外之别毕竟只是研究之便所做之界分，既然二者原本就共享着一个目标，一条腿走路总不稳妥。

美国卡耐基财团研制的《教师专业化标准大纲》

美国卡耐基财团研制的《教师专业化标准大纲》提出了制定教师专业化量表的基本准则：[①]

第一，教师接受社会的委托负责教育学生，照料他们的学习——认识学生的个别差异并作出相应的措施；理解学生的发展与学习的方法；公平地对待每个学生；教师的使命不停留于学生的认知能力的发展。

第二，教师了解学科内容与学科的教学方法——理解学科的知识是如何创造的、如何组织的、如何同其他领域的知识整合的；能够运用专业知识把学科内容传递给学生；形成达于知识的多种途径。

第三，教师负有管理学生的学习并作出建议的责任——探讨适于目标的多种方法；注意集体化情境中的个别化学习；鼓励学生的学习作业；定期评价学生的进步；重视第一个目标。

第四，教师系统地反思自身的实践并从自身的经验中学到知识——验证自身的判断，不断作出选择；征求他人的建议以改进自身的实践；参与教育研究，丰富学识。

第五，教师是学习共同体的成员——同其他专家合作提高学校的教育效果；

① ［日］佐藤学. 教师：两难问题. 世织书房，1997.

同家长合作推进教育工作；运用社区的资源和人才。

(三)教师专业发展

　　教师的专业发展首先强调教师作为专业人员要经历一个由不成熟到相对成熟的发展历程。对于踏上教育教学工作岗位的教师，虽然经历了职前教育训练并获得了教师资格证书，但这并不意味着他就是一名成熟的教育教学专业人员，教师的专业发展空间是无限的，成熟只是相对的。

　　教师的专业发展其次强调教师作为一个发展中的专业人员，其发展的内涵是多层面、多领域的，既包括知识的积累、技能的娴熟、能力的提高，也涵盖态度的转变、情意的发展。一个相对成熟的教育专业人员能够信守教育理想，献身教育工作；强调专业知识与技能、参与专业决定、承担专业责任；行为表现有弹性，能够容忍压力，具有较强的适应性；具有从多个角度观察、分析问题和应用多种教学模式进行教学的能力。

　　霍伊尔认为，教师专业发展是指在教学生涯的第一阶段，教师掌握良好专业实践所必备的知识与技能的过程。

　　佩里认为，"专业"一词就有多种含义，不同的人在使用它时可能代表了不同的价值取向。就其中性意义来说，教师专业发展意味着教师个人在专业生活中的成长，包括信心的增强、技能的提高、对所任教学科知识的不断更新拓宽和深化，以及对自己在课堂上为何这样做的原因意识的强化。就其最积极的意义来说，教师专业发展包含着更多的内容，它意味着教师已经成长为一个超出技能的范围而有艺术化表现的专业工作者；成为一个把工作提升为专业的人，把专业智能转化为权威的人。

　　富兰和哈格里夫斯指出，教师专业发展是指通过在职教师教育或教师培训而获得的特定方面的发展，也指教师在目标意识、教学技能与合作能力等方面的全面进步。

　　格拉特霍恩认为，教师发展即教师由于经验增加和对其教学系统审视而获得的专业成长。

台湾学者罗清水认为，教师专业发展乃是教师为提升专业水准与专业表现而经自我抉择所进行的各项活动与学习的历程，以期促进专业成长改进教学效果，提高学习效能。

总体上看，教师专业发展是教师个体由新手逐渐成长为专家型教师的过程。教师专业发展强调教师个体的专业知识、专业技能、专业情意、专业自主、专业价值观、专业发展意识等方面由低到高，逐渐符合教师专业人员标准的过程。教师专业发展包含以下五层含义：①它是协助教师改进教学技巧的训练。②它是学校改革整体活动，目的在于促进个人成长，营造良好的气氛，提高学习效果。③它是一种成人教育，增进教师对其工作和活动的了解，而不只是停留在提高教学成果上。④它是利用最新教学成效的研究，以改进学校教育的一种手段。⑤专业发展本身就是一种目的，它协助教师在受尊敬的、受支持的、积极的气氛中促进个人的专业成长。

[阅读链接]

小 G 老师，2005 年毕业于无锡高等师范英语专业班，大专学历。毕业后在本市一所小学担任英语教师，教授三四年级的小学牛津英语。小 G 初入校就对学校的教育教学有了初步的了解，对面临的压力有正确的认识和端正的态度，从而及时调整心态，转变角色，投入自己的教学工作。学校每周一节推门课（指老教师或校长等不通知教师本人的随堂听课），每个月检查一次教案，电子和书面各一份，每次上课以后还要在教案旁边写上备注和教后感。每个单元一次考试，每个月一次的月考使得小 G 不敢懈怠，在认真执行常规教学的同时，她深入钻研教材，加强对教材的理解能力，革新教学方法，善于抓住教学的重点和难点，精心批改作业。她根据学生学习发展和提高的进程，精心安排教学步骤，激发学生的兴趣，营造良好的课堂文化氛围，有效使用课堂每一分钟。早读课和自修课经常深入学生，加强辅导，听取意见，探究适合学生实际的教学模式。她虚心向老教师学习请教。俗话说："师傅领进门，修行在个人。"小 G 在师傅带教的同时，特别肯在英语学习上下工夫，为了提高自己的英语水平，她经常自己买来各类相关英语资料，利用业余时间补充自己的英语理论知识。她还利用周末时间参加市里的英语角，和各类英语爱好者交流，提高自己的英语口语水平。不断的积累已经成为小G的自觉行为。在琐碎繁杂的工作之余，她努力挤出时间写教学随笔、教育心得。两年来，她深刻认识到不应过多地让学生做语言形式的练习，而应将语言形式与语言意义、与学生的生活实际相联系，通过在课堂教学中设计比较真实的情景，如角色扮演、开展调查、访谈、游戏、猜谜、信息交流等，创造交际活动的情景，把语言形式和意义联系起来，使学生能积极参与言语实践活动，达到学用结合。

小G所在学校注重教师的"专业引领"，充分利用校内外的教师资源，开展讲座、示范、指导、解疑等活动，学校大胆起用校内实践经验丰富，理论水平较高的教师、教研组组长等作为校本培训的师资力量，"一师多徒、一徒多师"，发挥"传带"作用，促进教师快速成长。同时他们根据教师的实际情况，有计划地聘请教研室、教育局的领导来校讲课、听课、评课，作专题讲座，对教师的教学和科研进行指导。多年来，学校一直采用"走出去，请进来"的方式开展技艺交流活动，学校经常安排老师到兄弟学校，或到南京、上海等学校观摩学习，参加各类暑期进修，借此使教师开阔眼界，丰富经验，提高能力。

经过两年的磨炼，小G迅速适应了学校教育教学工作，在英语教学中不断尝试探索，进一步提高学生的思想道德品质、文化科学知识、审美情趣和身体心理素质，培养学生的创新精神和实践能力。同时，她也广泛阅读收集各种信息资料，关注课改、教改动态，借鉴吸收英语课程改革的最新成果，不断调整自己的教学。她意识到新课程改革需要更新教育理念，应开发每个学生的潜能，促进其健康个性的发展，为适应未来社会所需要的自我教育、终身学习的意义和能力的形成作为最重要的任务。她也意识到，在教育实践和周围的教育现象中要善于发现问题，要保持敏感和探索的习惯，要善于思考，在实践中探求、感悟。

小 G 老师所以能迅速成长，正是良好的外因和内因结合的结果。具体地说，她的成长一方面得益于良好的学校教研组氛围和师傅的言传身教；另一方面更得益于她本人强烈的专业发展意识和她的虚心好学、刻苦钻研。由此可见，影响教师专业发展的因素包括教师自身的专业知识能力、个人和专业经历、情感和心理因素等个人因素。此外，学校等环境因素也会对之产生影响。Grundy 和 Robison(2004)提出教师专业发展的两个推动力：一是来自系统的推动力，包括学校和社会等因素的影响；二是个体自身的推动力，受到教师生涯发展阶段和生活经验的影响。从小 G 的事例来看，教师强烈的自我专业发展意识对于教师专业发展起着更为关键的作用。初任教师的成长虽然需要外部环境的支持，但更需要教师自身的不断努力。初任教师专业发展和成长最根本的途径在于教师的自主发展。初任教师只有具有自我发展的意识和动力，自觉承担专业发展的主要责任，通过不断地学习、实践、反思、探索，使自己的教育教学能力不断提高，才能不断向更高层次发展。

■ 二、教师专业标准是教师专业发展的依据

(一)教师需要专业标准

教师是一个专业，是一个职业，或称是一个专门职业。在诸多国家教育改革的政策和实践中，各国学者都认识到专业教师对教育的重要性。《国家中长期教育改革与发展规划纲要》提出："严格教师资质，提高教师素质，努力造就一支师德高尚、业务精湛、结构合理、充满活力的高素质专业化教师队伍。"教师是学生健康成长的引路人和指导者，学生是否能取得更大进步和发展，取决于专业教师的数量和质量。"善之本在教，教之本在师"，教师是人类文明的传承者和创造者，是社会美好价值的坚守者和弘扬者，是建设美丽中国和托举中华

民族复兴梦想的重要力量。专业教师在教育改革中处于中心地位，没有教师，改革策略仅是理想而不能变成现实。专业教师是教育改革成败的关键。

判断教师个体和教师群体是否达到教育专业的期待和要求，教师是否提供高质量的教育服务，需要有明确、具体的质量规格，教师专业标准对教师应秉持的基本理念，应具有的职业道德与态度，应具备的专业知识和专业能力等作出了明确而又详细的规定，它是衡量与评价教师专业水准的尺度，是教师队伍建设的基准。教师专业标准是基于教师职业的专业性、教师是专业人员的基本理念而制定的"专业"标准，即是对教师作为一名专业人员应具有素质的基本规定，代表了当代中国社会和教育发展对教师素质的基本要求。教师专业标准为教师专业化提供了依据和准则。

(二)教师专业标准对教师专业发展的作用

教师专业标准对教师专业发展的作用主要体现在四个方面：第一，为教师专业发展提供需要评估。教师专业标准作为教师专业发展的依据，它可以为教师进修、学习等进行需要评估，判断教师在专业知识、专业能力等方面所需要的更贴切的提高和帮助；第二，为判断教师专业发展提供依据。为检查、评估、鉴定、诊断教师取得的教育教学实践效果提供基本的准则；第三，为教师资格认定提供依据。以专业道德和理念、专业知识、专业能力水平确认教师资格提供依据；第四，为教师专业发展提供方向性引导。在教育教学实践中对教师专业发展进行有效引导，为形成和发展教师专业知识、能力、情感道德价值观等提供方向性、规范性要求。

(三)专业教师应具备的基本理念

教师专业标准其实质是规定怎样的人或什么样的人能成为专业教师。专业教师是指具有从事教师这一职业的伦理道德、教育理念、专业意向以及教育教学专业知识和专业技能的人。专业教师能用其专业的知识、技能以及道德伦理解决问题，在复杂的教育情境中作出决策、能理性地与他人沟通交流、达成理解，提高教育教学质量，有专业自信和开阔心胸的人。"中小学教师应以'教育'为其专业领域，而不是以任教'学科'为其专业领域。教育所关切的是如何涵养完整的人，而不是以传授某一学科领域的知识和技能为满足。"①成为一名专业教师应具备如下基本理念。

1. 师德为先

热爱教育事业，具有职业理想，践行社会主义核心价值体系，履行教师职业道德规范，依法执教。关爱学生，尊重学生人格，富有爱心、责任心、耐心和细心；为人师表，教书育人，自尊自律，以人格魅力和学识魅力教育感染学生，做学生健康成长的指导者和引路人。

(1)热爱教育事业，树立职业理想。讨论教师应具备的基本理念时，首先要明确地认识到教师是人，他和学生一样是独特的人，人应对自己的人生负责任并实现生命的潜在意义。生命的意义不是在一个封闭系统的内心世界去寻找，而是应该到现实世界中去寻找，通过工作来发现生命的意义。在工作中教师必须意识到自己教书育人的职责，并借助这种意识超越对个人具体任务的意识，从而达到一种使命，将个人的任务变成一种责任和责无旁贷的使命。教师的责任和使命就是为社会的发展和学生的成长而工作，与此同时得到相应的报酬以维持生活。人只有在工作中才能找到生命的意义，才能对自己的人生负责。若在工作中教师没有目标、没有精神、没有理想，我们将不堪设想教师的生活是什么样的？教师需要理想，正如托尔斯泰所说："理想是指路的明灯，没有理想就没有坚定的方向，就没有生活。"理想目标越鲜明，追求的意志越坚定，教师的人生越带有一种充实与强力之感。

教师的职业理想是教师根据社会要求和个人的条件，想象本人经过坚持不懈的努力而达到的职业境界。多数教师在初入教师职业之门的时候，都有一个

---

① 饶见维．教师专业发展——理论与实务．台北：五南图书出版公司．2005.

成为优秀教师的理想，希望自己能培养出若干国家的栋梁。可见，教师工作的意义与价值总是与对社会贡献有关，而不是一种纯粹谋生的职业。教师的职业理想指导并调整着教师的职业活动，尤其在遇到困难、遭遇不公等境遇下，理想支撑着教师顽强地在自己的工作岗位上工作。正如闻一多先生写到的：

> 红烛呀！
>
> 流罢！你怎能不流呢？
>
> 请将你的脂膏，
>
> 不惜地流向人间，
>
> 培出慰藉底花儿，
>
> 结成快乐的果子。

[阅读链接]

教语文不能无目的、无计划，不能只跟着教材转，教一篇算一篇，教一课算一课。胸中要有教文育人的清晰蓝图，既认识学生的现有情况，更规划他们成长的前景，把握准教学的出发点，向着教育计划，语文教学大纲规定的目标有计划、有步骤地辛勤耕耘。①

(2)关爱学生。教育就是爱。教师对学生的爱是学生树立自信心的强大动力。教师真诚地爱学生，尊重学生，天长日久就会使学生内心感受到温暖，产生一种精神的力量，影响学生的个性发展，这是促进学生前进的内部动力，会使他们对前途充满信心，奋发向上。相反，在教师缺少爱心的地方，无论是品质还是智力都不会得到良好的或自由的发展。什么是对学生的爱？爱心与责任心、细心和耐心。

①爱心与责任心。热爱一个学生就等于塑造一个学生，而厌弃一个学生无异于毁坏一个学生。热爱学生，不仅要爱好学生，更要爱有缺点、有问题的落后学生。正因其有缺点，因其问题多，才需要教师付出更多的时间、精力和爱

---

① 于漪. 我与语文教学. 北京：人民教育出版社，2003.

心。高尔基曾经说过："谁不爱孩子，孩子就不爱他，只有爱孩子的人，才能教育孩子。"热爱学生是教师的天职，得到老师的关爱，是每个孩子的心愿。其实，每一个孩子都是一块璞玉，作为老师，应该努力地去雕琢，使它永久地焕发光彩，而不是半途而废。孩子千差万别，在教育孩子的道路上，只要有水滴石穿的决心，就一定能成功。

[阅读链接]

我们班的刘奇，父母在外地打工，年近七旬的奶奶在家照顾他，学习基础差，很贪玩，学习习惯也不好。奶奶偶尔问起他的作业，他总说在学校都写完了，奶奶就任其出去疯玩了。面对这种情况，我有时也真是气极了，不想再管他，由着他去吧，但静下心来想想他也挺可怜的，毕竟是个不懂事的孩子。面对这种情况，我决定先做通奶奶的工作。一开始我只报喜，只说孩子的优点，聊聊奶奶管孙子的不易等，和奶奶先拉近了心理距离。接着我话锋一转，谈到刘奇的学习和作业完成情况，并讲明两者之间的关系，列举了多例"小时不管，大时管不了"的事例，讲到养成良好的学习习惯对一个人命运的巨大影响。最后我推心置腹地告诫奶奶，孙子不成才，儿子到时埋怨自己，自己对儿子没法交代，一席真诚的话语打动了奶奶。与此同时，我自习课上加大了对他的辅导力度，并将他的作业情况由指定的同学天天告知奶奶。面对老师和奶奶做法的转变，刘奇的学习态度也渐渐变了。坏毛病不是一天两天养成的，要改变也不是短时间就能见效的。刘奇后来也多次出现反复，正是因为有了老师的关心、家长的支持、同学的配合，他在一天天地进步，终于在下学期，刘奇基本改掉了坏毛病，期终考试成绩竟然达到 89 分。

②细心与耐心。在以班为单位进行教学时，常常为了效率和成绩，忽略了孩子的特点和情绪，教师和学生之间的情感慢慢地僵化了，教师也开始采用"批发式的"方法对待孩子。其实，每个孩子都是一个完整的生命，他们都有自己的喜怒哀乐，都需要教师细心贴近，观察学生的情绪，感受学生的喜怒哀乐。以心灵感受心灵，以感情赢得感情。同时，要有耐心。加拿大教育家范梅南指出，

耐心是教育机智的重要表现。他说:"耐心能够让教育者将孩子与其成长和学习所需的时间协调起来。当期望和目标被确定在一个恰当的层次上,耐心就会使我们在期望和目标尚未完成,尚需要更多时日或需要尝试其他方法的时候,不着急,不放弃努力。"[①]耐心意味着老师学会等待,让学生在思考中寻找自己成长的路径。

[阅读链接]

　　一个春天的中午,风儿轻轻地吹着,太阳暖暖地照着大地,桃树枝上冒出红色的嫩芽,鼓胀得马上要破裂似的。孩子们笑着、说着,有序地排队打饭。打完饭后我习惯地逐个打量同学,准备着给谁添饭。突然有同学喊:"朱毛毛没打饭。""朱毛毛哭了。"我疑惑地走过去,看见朱毛毛趴在桌子上,头埋进了臂弯里。我笑着说:"朱毛毛,该吃饭了,你怎么不打饭?"她稍稍抬起头说:"我不想吃",又迅速地低下头去。我看见她脸上有泪痕,心想,这个刚从农村转来的新同学,不可能和别人闹矛盾,可能是环境不适应,可能是想家,可能是不习惯排队打饭,也可能是饭菜不合口味……想到这里我拍拍她的肩膀笑着说:"吃点吧,现在不想吃,一会儿就饿了。"她还是拗着说:"我不吃。"我拿起她的碗,打了饭送过去,抚摸着她的头说:"来,吃点吧。我女儿有时淘气不吃饭,我就是这样给她送过去。你看,你就像我的女儿了。"这时她抬起头不作声,拿起筷子吃起饭来。我的心放下了,心里想道:新环境的适应需要个过程,这个孩子需要帮助。

　　从那以后,我特别关注这个孩子,上课时特意把发言的机会多留给她,稍有进步就多夸她,看到她知识掌握得不错,还让她当上了小组长……朱毛毛脸上的笑一天比一天多,见了我也像其他同学一样,有时围在身边看我批阅作业,叽叽喳喳地评论着,有时拿来一块小点心给我吃,有时拿来一两道题,噘着嘴埋怨这题太难了想不出来,请我帮忙看一看,有时没事就黏在我身后嘻嘻哈哈

　　① 范梅南.教学机智——教育智慧的意蕴.李树英译.北京:教育科学出版社,2001.

地闹呀、笑呀，此时我的心才渐渐地放了下来，她终于融入了这个大家庭。

2. 学生为主

尊重学生权益，以学生为主体，充分调动和发挥学生的主动性；遵循学生身心发展特点和教育教学规律，提供适合的教育，促进学生生动活泼学习、健康快乐成长，全面有个性地发展。

(1)调动和发挥学生主体性。学生是成长的主人，发展的主体，学习的主人。学生的主体性只有在活动中才能形成，只有在活动中才能发展。学生自主选择的愿望是强烈的，主动发展的潜能是巨大的。教育工作者要善于在多样性教育中为学生创造选择的条件，扩大选择的范围，发展选择的能力。学生在选择之后能主动参与，有助于学生自觉掌握科学知识和相关的思想方法，获得自我表现的机会和发展的主动权，形成良好个性与健全人格，在参与性活动中向自我教育的最高境界迈进。给学生一些权力，让他自己去选择；给孩子一些机会，让他自己去体验；给孩子一些困难，让他自己去解决；给孩子一个问题，让他自己找答案；给孩子一种条件，让他自己去锻炼；给孩子一片空间，让他自己向前走。

[阅读链接]

把学生推上讲台①

以前，我用讲解的方法来介绍大型音乐作品，不够生动，不能给学生以深刻的印象。因此我决定让学生上台，由他们演绎音乐故事，让学生变被动学音乐为主动学音乐。

音乐声起时，由学生假扮"老鼠兵"搜索着猎物，与"玩具糖果兵"狭路相逢，进行搏斗。主人公克拉拉挺身而出，与"玩具糖果兵"一起战胜了"老鼠兵"。学生的出色表演，生动地体现了芭蕾舞《胡桃夹子》的主要剧情。全班同学兴奋地

---

① 中华人民共和国教育部.素质教育观念学习提要.北京：生活·读书·新知三联书店，2001.

鼓掌，称赞他们的表演将课文中正义与邪恶、美与丑的主题淋漓尽致地表现出来。在此基础上，我讲解了音乐在芭蕾舞表演中的特点及魅力，使同学们生动地学完了这一课。

(2)学生身心发展的规律。学生的发展是教育的出发点和归宿。从教育的发动、实施到评价的每一个环节，都必须建立在理解学生身心发展规律的基础上。教师需要了解学生的认知特点和认知水平，了解学生的情绪和价值倾向等，调动学生探索研究未知领域的强烈愿望，提高学生分析问题、总结规律，以及预见未来事务的能力。传统观念把学生发展的过程看作是把人类已有的文化传递给学生的过程，忽视了学生作为学习主体的作用。新的学生观是把学生看作虽有不足和幼稚，但却具有旺盛的生命力、具有多方面发展需要和发展可能的人，具有主观能动性，有可能积极参加教育活动的人，把学生看作是学习活动中不可替代的主体。正像美国全国专业教学标准署制定的优秀教师知识和技能标准所指出的那样："优秀教师热爱青少年，一心扑在学生身上，承认学生有不同的特征和禀赋，并且善于使每个学生都学到知识。他们的成功在于相信人的尊严和价值，相信每个孩子内在的潜能。"[①]

3. 能力为重

把学科知识、教育理论与教育实践有机结合，突出教育育人实践能力；研究学生，遵循学生成长规律，提高教育教学专业化水平；坚持实践、反思、再实践、再反思，不断提高专业能力。

(1)专业能力。专业能力是指教师运用学科知识、教育理论、教学理论和学生心理特征等知识来解决教师在日常教育教学中所遇到的问题的能力。纵然教师学富五车，若不能有效解决教育教学中所遇到的问题，那么教师的知识和能力是值得怀疑的。若老师没有一定的知识基础，想解决教育教学中的问题，那教师的行动一定会充满随意性和盲目性。教师的知识和理论只有运用到实际的

---

① 方燕萍. 教师应当知道什么、能够做什么. 教育研究信息，1997(4).

教学情境中解决所遇到的问题，才能说他是一位高效能的教师。

教师如何才能具备较强的专业能力？

①教师对理论进行选择、修改和超越。再好的理论若不能被教师使用，不对实践进行指导，那理论就永远不具有威力。教师在实际教育情境中会遇到诸多问题，但没有一个理论可以直接照搬来用。只想简单地照搬理论，那是懒汉的做法，永远不会有真正的实效。要提高教学质量，需要教师有效地运用各种理论，解决实际问题，但运用不是简单的照搬，而是需要教师对理论的或学术的知识和观点进行选择，选择之后对其修改，使其适应实践情境的需要，提高教师对现实问题的认识。当然，教师现有的理论并不能有效解决问题，他可以根据实际超越现有理论，创造适合实际教育情境解决问题的方法和理论。

②教师的专业能力是以一定的专业知识为基础的。这些专业知识主要有：第一，所教学科的内容知识。要求教师具有组织良好和易于提取的知识体系；事实的或概念性的知识；发现这些知识和原理的知识；学科知识的结构等；第二，课堂管理的知识。教师要知晓支持有效教学和有效学习的程序性知识。掌握这种知识，教师能预防和消除课堂不良行为，为创设良好的课堂氛围而采取的教学行为；第三，教学方法和策略的知识。为完成教学目标，教师需具备有关教学策略与教学方法的内隐知识和外显知识。在复杂的教学情境中形成包括计划、监控、评价和应变等能力。第四，诊断、评估和评价的能力。教学目标是否正在得以达成，需要教师不断地对学生的学习状况进行诊断、评估和评价，了解学生的需要和目标、能力和现行的学业水平、强项与不足等，运用不同的方法对学生的学习状况进行评价，促进学生的发展。

③教师需要一定的教育教学情境、时间和经验。教师不可能在很短的时间内顺利获得支持其所有工作的专业能力，他需要至少5年的工作经验，或1000小时的课堂教学时间。不经过大量的课堂教学实践就成为专家教师是不可能的。教师了解学生的认知水平，根据学生的课堂行为调整自己的教学进程，并最终导致教学目标的达成，这是一个渐进的过程，需要经过一定量的教学时间来形

成。只有长时间地探索和研究，教师才能获得灵活处理各种教育教学问题的能力。

④自动化的教学技能。自动化的教学技能是指教师无须特别明显的意志努力就能达到流畅、高效的教学效果。这种能力也称为教学常规，即课堂教学步骤的固定模式，其内容有课堂管理和作业检查，有效地计划教学、进行课堂教学和评估教学效果时所采用的方法和策略，如教学反馈、先前知识回顾等。

(2)反思与实践是增强教师专业能力的途径。在实际教育教学过程中，为了改进教学，追求更合理和更好的教学，并确证观念和行为，形成对教育教学现象的新的理解，需要教师对现实的教育教学情境进行反思。通过反思教师可以学会教学，善于把自己的主体性和学生的主体性融合起来，使学生获得发展的同时也使教师自身获得提高。通过反思，教师从教学目的、教学内容、教学方法、教学评价、教学环境或教学手段等方面，从教学前、教学中、教学后等环节中获得体验，使自己更加成熟起来。通过反思，教师不仅知道自己的教学效果，而且还对教学结果及其原因进行深思，促进教师增强问题意识和解决问题的能力。反思帮助教师从冲动、例行的行为中解放出来，以审慎的方式行动，改进自己的教学，成长为更有效率的富有成就的专家教师。

4. 终身学习

学习先进教育理论，了解国内外教育改革与发展的经验和做法；优化知识结构，提高文化素养；具有终身学习与持续发展的意识和能力，做终身学习的典范。

教师首先是学习者。信息化时代，科技迅速发展，知识不断地更新和发展。教师作为传授知识、发展学生智能和情感态度价值观的关键人物，需要自觉地学习新的知识，不断地扬弃陈旧落后的东西，敏锐地接受新事物。2012 年 12 月，经济合作与发展组织（OECD）发表了题为《终身学习时代的教学生涯和教师教育》的文件。文件明确指出："对于教学生涯来说，最初的专业培训无论如何都是不够的。为了有效地指导所遇到的大批年轻人，教师需要与知识和教学法的发展保持同步。为了帮助和促进学生成为终身学习者，教师需要以自身的行为和态度示范终身学习的特点。为了实现潜在的既定的教育改革，教师应当注重教学专业的不断发展。"

大量的调查研究都表明：学生喜欢学识渊博、学术造诣深的教师。教师若有坚实的学科知识和理论知识，讲授中能旁征博引，论述鞭辟入里，有出色的教学方法，他的课就会趣味横生，引人入胜，打开学生的心扉，引领学生进入知识殿堂。

教师如何学习？

第一要有明确的学习目标。老子曾言："知止可以不殆。"也就是说，知道自己的学习目标可以使你学习不失败。《大学》中也有论述："知止而后有定，定而后能静，静而后能安，安而后能虑，虑而后能得。"即教师在明确了学习目标，定准努力方向，才能排除一切干扰，专心学习，深入思考，取得应有的收获。

第二是慎思。教师学习重在思考并发现问题。《易经》有言："君子学以聚之，问以辨之。"教师在学习过程中要把"问"作为领会和掌握所学知识的重要环节。在理解已有知识成果的基础上，敢于发现新矛盾，解决新问题，把学习和创造有机地结合起来。教师的学科知识和教育知识也只有在思考的基础上才能转化为教育机智。思考本身是一个艰苦的智力劳动，需有执著和顽强的精神，否则很难取得真正的成效。

第三是坚持。初为人师的时候都是比较好学的，但坚持不懈，持之以恒是难得的。古诗曰："靡不有初，鲜克有终。"坚持就是要有锲而不舍的精神。荀子言："锲而舍之，朽木不折；锲而不舍，金石可镂。"晏婴也言："为者常成，行者常至。……常为而不置，常行而不休者，故难及也。"随着教龄的增长，教师往往会放松对学习的要求，觉得自己闭上眼睛都可以把学生教好。殊不知，只有自己坚持不懈地学习，才能真正培养学生终身学习的意识和能力。

教师学习什么？

随着时代的发展和事物的变化，教师学习的内容主要有以下几方面。

第一，新的教育理念和思想。教师要了解所有的教育现象，就需要了解各个国家、各个地方的教育改革和发展，学习他们新的教育理念和经验，为学校和自身的教学改革寻求可资借鉴的经验和模式，为教育教学改革注入新的活力。大量地学习国内外中小学教育改革与发展经验，可以使教师发现教育规律，在教学中以学生的心理发展为起点，把学生作为学习的主体，尊重学生的个性发展，重视学生的情感态度和价值观的教育，培养学生独立思考、大胆质疑、提出新见解的品质。

第二，学习文化知识，优化学科知识结构，扎实教学技能，反思教学实践。"腹有诗书气自华"，没有学生不喜欢知识渊博的教师，也没有学生喜欢问什么都不能正确回答的教师。教师无论学习再多的知识对教学来讲都是不够的，教师要不断丰富自己的文化知识基础，这样才能给学生提供良好的常识教育，使学生高中毕业之后能初步地适应社会生活。随着科学技术的发展，学科知识本身也在不断地拓展和增长，作为专业教师自然需要不断优化自身的学科知识结构，不断地学习本学科所有的基本概念与原理之间的关系与结构，这样才能更好地理解课本单元与单元之间的关系，一个年级的教学内容与下一个年级教学内容之间的关系，才能更好地把课本内容与学生的现实生活联系起来。与此同时，教师还要在实践中学习，把书本知识与经验知识相结合，巩固自己的教学技能，反思教学实践，提高教学能力和教学质量。

第三，学科知识和教育专业知识。这两种知识都是教师专业的重要基础。学科知识是教师"教什么"的知识，教育专业知识是教师"如何教"的知识。这两种知识要有机地结合在一起，其中的润滑剂就是教育心理学知识，换句话就是如何把学科知识转化为学生能够接受的知识，这个过程需要教师不断地学习了解学生的心理特点，知道从哪里入手学生能更容易发现概念、原理，知道学生在怎样的情境下能应用所学的东西来解决实际问题。

其实，当老师，有天大的本事都是不够的，教师职业需要一个做教师的人具备的东西太多了。我们常说某人能当老师、会当老师，这种说法都是不够确切的，学做老师才是正确的说法，一个教师一生都在学做教师。

——著名教育家胡德海

■ 三、教师专业发展的专业维度

教师专业标准规定了教师专业发展的专业维度有三个方面：专业理念与师德、专业知识和专业能力。这三方面的内容主要如下：

(一)专业理念与师德

职业理念与师德包括职业理解与认识、对学生的态度与行为、教育教学的态度与行为、个人修养与行为等内容。

职业理解与认识：

贯彻党和国家教育方针政策，遵守教育法律法规

理解教育工作的意义，热爱教育事业，具有职业理想和敬业精神

认同教师的专业性和独特性，注重自身专业发展

具有良好的职业道德修养，为人师表

具有团队合作精神，积极开展协作与交流

对学生的态度和行为：

关爱学生，重视学生身心健康发展，保护学生生命安全

尊重学生独立人格，维护学生合法权益，平等对待每一位学生。不讽刺、挖苦、歧视学生，不体罚或变相体罚学生

尊重个体差异，主动了解和满足学生的不同需要

信任学生，积极创造条件，促进学生的自主发展

教育教学的态度和行为：

树立育人为本，德育为先的理念，将学生的知识学习、能力发展与品德养成相结合，重视学生的全面发展

重视教育规律和学生身心发展规律，为每一位学生提供适合的教育

激发学生的求知欲和好奇心，培养学生学习兴趣和爱好，营造自由探索、勇于创新的氛围

引导学生自主学习、自强自立，培养良好的思维习惯和适应社会的能力

尊重和发挥好共青团、少先队组织的教育引导作用

个人修养与行为：

富有爱心、责任心、耐心和细心

乐观向上、热情开朗、有亲和力

善于自我调节情绪，保持平和心态

善于学习、不断进取

衣着整洁得体，语言规范健康，举止文明礼貌

　　修养主要是以思想、政治、道德修养为中心的人们在文化、知识、精神上的全面修养。它是在自我认识、自我要求的基础上，依靠自己的努力，不断地学习在社会生活中协调人与他人、人与自然、人与社会之间的关系，以使自己更加完善、健全并加强自主性、自为性、自强性的一种必不可少的手段。修养是个体发展、提高、完善自己的内在要求；是个体自觉的文化内化过程和努力结果；将自己造就为时代所需要的人。讲修养不仅有利于个人的健全发展和人生价值的提升，而且能够促进社会的发展，因此，每个人都有提高自己修养的必要性。

　　教师修养是人生修养，而不是对职业规范的一般遵守，修养意味着自觉向善，是以继承和吸收文化手段来自我充实、自我提高、自我完善的过程，讨论中国教师懂得修养一定不能脱离开对中国传统文化和传统修养理论的关注和继承，中国传统文化强调的自强不息、厚德宽容、己立立人、己强强人、己达达人等思想是中国教师的精神遗产，需要我们认真领会和吸收。

——著名教育家胡德海

（二）专业知识

专业知识主要包括：教育知识、学科知识、学科教学知识和通识性知识。

教育知识：

掌握教育的基本原理和主要方法

掌握班级、共青团、少先队建设和管理的原则与方法

掌握教育心理学的基本原理与方法，了解学生身心发展的一般规律和特点

了解学生思维能力、创新能力和实践能力发展的过程与特点

了解学生群体文化特点、行为方式

学科知识：

理解所教学科的知识体系、基本思想与方法

掌握所教学科内容的基本知识、基本原理与技能

了解所教学科与其他学科的联系

了解所教学科与社会实践及共青团、少先队活动的联系

学科教学知识：

掌握所教学科课程标准

掌握所教学科课程资源开发与校本课程开发的主要方法与策略

了解学生在学习具体学科内容时的认知特点

掌握针对具体学科内容进行教学和研究性学习的方法与策略

通识性知识：

具有相应的自然科学和人文社会科学的知识

了解中国教育基本情况

具有相应的艺术欣赏与表现知识

具有适应教育内容、教学手段与方法的现代化信息技术知识

（三）专业能力

专业能力主要包括教学实施、班级管理与教育活动、教育教学评价、沟通与合作、反思与发展

教学实施：

营造良好的学习环境与氛围，激发与保护中学生的学习兴趣

通过启发式、探究式、讨论式、参与式等多种形式，有效实施教学

有效调控教学过程，合理处理课堂偶发事件

引发学生独立思考和主动探究，发展学生的创新能力

发挥好共青团、少先队组织生活、集体活动、信息传播等教育功能

将现代教育技术手段整合应用到教学中

班级管理与教育活动：

建立良好的师生关系，帮助学生建立良好的同伴关系

注重结合学科教学进行育人活动

根据学生世界观、人生观、价值观形成的特点，有针对性地组织开展德育活动

针对学生生理和心理发展特点，有针对性地组织开展有益身心健康发展的教育活动

指导学生理想、心理、学业等多方面的发展

有效管理和开展班级、共青团、少先队活动

妥善应对突发事件

教育教学评价：

利用评价工具，掌握多元评价方法，多视角、全过程评价学生发展

引导学生进行自我评价

自我评价教育教学效果，及时调整和改进教育教学工作

沟通与合作：

了解学生，平等地与学生进行沟通交流

与同事合作交流，分享经验和资源，共同发展

与家长进行有效沟通合作，共同促进学生发展

协助学校与社区建立合作互助的良好关系

反思与发展：

主动收集分析相关信息，不断进行反思，改进教育教学工作

针对教育教学工作中的现实需要与问题，进行探索和研究

制定专业发展规划，积极参加专业培训，不断提高自身专业素质

[阅读链接]

非常教师①

(1)精通本学科知识。精通一门学科是高效教学的根本。这些专业知识并不是一天就能获得，需要接受多年的培训，而且需要坚持学习一辈子。

(2)设计课程。高效的教学需要条理性。要想具有条理性，首先需要制订详细的教学计划。在计划中写清楚该读什么书，何时交读书报告，学生的书面作业的内容及其具体要求。有了教学计划，学生就有了一份"地图"，知道自己将去的地方和经历的旅程。

(3)激情。老师应该是一个有情趣的人。活泼是老师的重要特征，相反，如果老师语调单一，声音低沉，站在讲台上一动不动，他就会发现听他的课的人数直线下降。老师的姿势、面部表情、声调能让学生活跃起来，也就是说，老师的情绪能感染学生。

(4)友爱。最优秀的教师会花工夫与学生建立友好关系。

(5)倾听。优秀的老师无一例外都是耐心的倾听者。

(6)严格要求。优秀的老师对学生要求都很严格，让他们不断地攀登新的高峰。

(7)相关性。优秀的老师都有自己的诀窍，能让学科与学生发生关联。

(8)合作。优秀教师都会和校园内外对教学感兴趣的人保持着联系。

(9)自我充电。教师要根据学生的教学反馈意见改进自己的教学。

(10)快乐。优秀教师可以用不同形式的活动来调节生活使自己快乐。

(11)责任心。优秀教师对教学质量的追求是永无止境的。

---

① ［美］Frederick J. Stephenson，Ph. D. 非常教师——优质教学的精髓. 北京：中国轻工业出版社，2002.

专题二　教师专业发展的模式

　　模式包含理论的价值取向和与理论相应的操作形式，是结构与功能、形式与内容的具体统一。教师专业发展模式就是关于教师专业发展的价值取向及相应的操作方式的统一。教师专业发展存在四种模式，分别是知识积累模式、技能熟练模式、实践反思模式和人格完善模式。

■　一、知识积累模式

　　以知识积累为取向的教师专业发展模式，其主要宗旨在于发展和提高教师的学科知识、基础文化知识和教育科学知识水平。教师的专业知识是教师职业区别于其他职业的主要因素。教师作为一个专业人员必须具备从事专业工作所要求的基本知识。教师专业知识的掌握，体现了教师职业的专业性，它是衡量教师专业化程度的标志之一。一般文化知识是教师应具备的基础知识，包括自然科学、社会学科与人文学科的知识。教师只有具备广博的文化知识才能吸引学生不断地追求和前进，使学生内心体验到"真、善、美"的价值追求。学科知识是教师应具备的专业知识的主体。教师精通该学科的基本概念、原理、学科框架以及学科特有的思维方式，成为这门学科的专家、学者。教育科学知识是教师从事育人工作所应具备的重要知识，是教师顺利完成教育教学工作的基本条件和保证。

　　持有这种思想的研究者认为，任何专业都是借助其专业特质与其他职业区别开来，这种特质被认为是特质模式，在教师专业范畴中必须重视教师教育中的专业知识。这种模式倾向坚信一个专业应具备这个专业的核心特征，它包括一套专门的知识和一个服务理想。从特质出发来理解专业的构成是以功能主义为其理论基础的，认为专业是表现出重要社会功能的职业。为了发挥好这种功能，专业人员就需要掌握相当程度的知识和技能，而知识的获得和技能的发展需要接受正规的高等教育来实现。认为教师的专业能力是受学科内容的专业知识、教育学、心理学的科学原理与技术所制约的。在这种模式中，"教学实践"被视为学科内容知识与教育学、心理学原理与技术的合理运用。教师的专业程度就是凭借这些专业知识、原理技术的熟练程度来保障的。这样，教师进修的课程开发就是确定并组织有关教师职业的理论、原理、技术的知识基础。现行的教师教育的制度、内容、方法，可以说是以这种现代主义的"专业化"为思想背景形成的。

[阅读链接]

学者型教师①

兰斯的个案在许多方面都不寻常，学术上的卓越才华则是最主要的特点。兰斯用了两年时间就从一所精英型私立大学获得了哲学学士学位。在大一时，兰斯选择了西方文明研究这一包括文学、哲学和历史在内的跨学科专业。在获得学士学位之后，兰斯直接修读哲学和文学硕士学位课程；获得硕士学位之后，他又开始了比较文学的博士学习。

兰斯认为自己的首要兴趣是现代文学和批判理论。他上过的大部分课程都是以文学理论为核心的。兰斯认为，英语就是由文学、语法、修辞、语源以及文学的社会历史背景等组成的，英语学习的核心事项就是利用文学分析的工具来对作品进行解释说明。英语教学就是师生之间所进行的苏格拉底式的问题研

---

① [美]帕梅拉·格罗斯曼. 专业化的教师是怎样炼成的. 李广平、何晓芳译，北京：人民教育出版社，2012.

讨。师生之间的关系比具体的教学知识更重要，一个人对教学本身的东西并不需要知道得太多。

■ 二、技能熟练模式

以教师技能熟练为取向的教师专业发展模式强调教师的教学技能。这种模式坚信：教师的表达能力、组织能力、诊断学生学习困难的能力以及思维的条理性、系统性、合理性与教学效果有较高的相关性；教师思维的流畅性与他们的教学效果呈现显著相关性；教师管理课堂和安排教学活动的条理性、系统性与学生的成绩呈正相关。总之，教师专业需要某些特殊能力，其中较为重要的能力是思维的条理性、逻辑性以及口头表达能力和组织教学活动的能力。这种模式的主张者认为，好教师是训练出来的，因此，主张教师利用课堂观察来分析课堂教学行为，以期通过提高教师的教学技能来实现有效教学并提高教学质量。

课堂观察主要是对教师的课堂教学行为进行观察。观察分为以下四种：

第一，观察教师的有效教学行为。这种观察在效率价值观的支配下，观察者特别关注教师行为效率，体现了对效率的追求。其中影响较大的是卡罗尔的学习程度模式、斯莱文对学习量的研究、赞科夫对高速度教学的研究。这些研究以效率为主要价值观，把时间视为基本分析变量，从学习的结果来认识教学效率和教师行为的有效性。其重点是关注教师教的时间和学生学习的时间以及教学速度分析。这样，教学速度较慢的教学行为容易被视为低效或无效的。这种观察在追求效率的同时有可能忽略那些关注学生情感、态度的教师行为。

第二，分析教师课堂教学语言的结构、类型和功能。这种分析是以沟通作为基本价值观，旨在促进课堂中的对话和沟通。这种观察影响最大的是弗兰德斯互动分析和贝克拉的计算机分析模型。弗兰德斯互动分析的主要贡献是对课堂教学语言进行可操作性分类，并以分类为依据，以时间为单位记录和分析教师的课堂教学行为。贝克拉结构化的主要贡献在于，基于计算机分析，对教学交往的内容和课堂发言的含义和功能，进行了结构性的分解、编码和处理。这种观察在关注师生之间的沟通和交流的同时，会存在教师教学效率低下的问题。

第三，行为主义教师行为分析。这种分析是在工具主义价值观支配下研究可观察的教师行为，高度重视可观察的刺激、强化和榜样作用在行为产生、巩固、改变中的作用，重视对行为自变量和因变量的分析，重视数学等技术的运用。斯金纳的程序教学和教学机器的研究，加涅的教学事件研究，以及布鲁姆掌握学习研究等都对行为主义教师行为分析的发展产生了基础性的影响，邓金和比尔德的"过程—产出"模型是行为科学的代表性模式。

第四，以意义为线索的教师行为分析。这种分析主要探明教师专业判断的合理性、教师决策与教师判断之间的关系、教师决策与教师行为的关系，以及教师决策转化为教师行为的过程。它以意义单元存在的情境作为基本分析单位。运用教育类专业知识和学科专业知识，对教师行为的判断和行为本身进行分析。教师行为分析包括教师行为的描述，行为原因的探寻和行为意义的揭示。把教师行为放在意义之网中进行文化解释，形成教师理解和把握世界的工具和力量，是专业性教师行为分析的基本内容。这种分析在乎教师行为产生的特定情境，在特定的情境中教师教学行为生成、体验和转化。情境是教师行为分析的基本单位，不是从单一的行为层面而言，而是基于一个完整的意义从情境的产生、发展并被一个新情境替代的层面而言的。①

■ 三、实践反思模式

实践反思模式主张教师是反思实践者，在研究自身经验和改进教育教学行

---

① 贾群生．专业性教师行为分析：教师研究的新视野．教育研究，2009(12).

为的过程中实现专业发展。教师在现实的教育教学过程中要善于发现问题，参与研究所遇到的教育教学问题和困惑，构建教育教学知识，发展实践能力，解决实际问题，创新教育教学模式，形成个人的教学风格和实践智慧。

反思性实践模式是一种囊括了政治、经济、文化、伦理、社会的实践活动。这种模式中教师专业程度是凭借"实践性知识"来加以保障的。这里所谓教师的"实践性知识"具有五个特点：其一，它是依存于有限情境的经验知识，比起理论知识来说缺乏严密性和普遍性，却是一种鲜活的知识、功能灵活的知识；其二，它是作为一种"案例知识"而积累并传承的；其三，它是以实践性问题的解决为中心的综合多学科的知识；其四，它是作为一种隐性知识发挥作用的；其五，它是一种拥有个性性格的"个体性知识"。这些知识是通过日常教育实践的创造和反思过程才得以形成的。同其他专业相比，教师工作的最大特点是不确定性、情境性，要求针对情境做出灵活应变的决策。这种模式是以后现代的"专业化"思想为思想背景形成的。[①]

[阅读链接]

教学录像视频分析

教学录像视频分析在世界范围内越来越广泛地应用于教师教育和教师学习。早期的教学录像视频分析主要在欧洲、北美洲、大洋洲等地区的微格教学中广泛使用，是因为研究者确信录像视频分析是提升教师教学能力的有效工具。[②]教学录像首先记录职前教师教学的片断，然后回顾并评论它，下次上课改进教学片断中存在的缺陷与不足，以此促进职前教师获得基本的教学技能。在我国，教学录像视频除了应用于微格教学之外，校本师资培训中，教师多观摩学习全国优秀教师的教学视频，但教师很少观看自己的教学录像。随着数字化影像、

---

① 　[日]佐藤学. 教育学方法. 岩波书店，1996.

② 　Tochon, F. V. (2008). A brief history of video feedback and its role in foreign language education. CALICO Journal，25(3).

软件和网络的快速发展，录像视频分析越来越被广泛接受、理解和使用，教学录像视频分析从检核具体的个别的教学行为逐渐发展成为促进教师反思和专业成长的学术活动。多内和查利首次把录像视频分析作为教师面对自己实际教学影像进行反思活动的工具或凭借。[①] 鲍维尔在研究中发现，录像视频分析可以帮助教师澄清关于教与学的缄默知识和教学动机。[②] 录像视频分析可以让老师注意到他不记得的一些教学情节，并把教师关注的焦点从教学方法转移到师生互动、生生互动、学生思维等多个方面，使教师能客观评价教学的优劣等。本文试图通过教师分析教学录像视频，促进教师反思教学理念和教学行为，察知确认需要改进的地方，寻找实施解决问题的教学策略，评价改变后的教学行为，寻求促进教师专业成长的具体路径。

一、录制教学录像并建立教学录像讨论小组

教师用数码摄像机记录课堂教学，摄像机放在教室的后面，用监测模式进行录像，无须他人操纵。并不是一节课都需要录像，教师可以选择认为有助于分析自己的课堂教学行为的课来进行录制。录制的课与教师选择关注的焦点有很大的关联。录制之后，教师把视频上传到 Medianotes 软件上。

教师学会使用 Medianotes 视频分析软件。Medianotes 是一个对视频进行评注的工具，它易于编码、搜索和选择，教师可以上传、下载、标记、注释自己的教学录像。教师和管理者用标签标出教学的优劣之处或需要改进的地方，标签特别有助于帮助教师记录教学行为，并获得客观的反馈，在此基础上改变教学理念，提升教学能力，具有较好的教学评价能力。

教师熟悉 Medianotes 之后，可以选择同年级同事、管理者和自己一起观看讨论教学录像，也可以跨学校在网络环境下组建教学录像讨论小组。小组成员

---

① Donnay，J.，& Charlier，E.(1990). Understanding educational situations：Training educator for the analysis of practice. Brussels：De Boeck.

② Powell，E.(2005). Conceptualizing and facilitating active learning：teachers' video-stimulated reflective dialogues. Reflective Practice，6(3).

之间存在信念、知识和实践等方面的差异，这些差异成为彼此之间学习的资源，可以克服教师单独分析问题的片面性以及由此产生的错误和空想。学校可以给教师提供小组成员讨论的时间和空间。小组活动需要建立一定的活动规则。首先，小组成员需要为彼此的成长负责，建立良好的人际关系，让每个人在交流时都感觉到安全，促进教师实现的自由，使正确的意见得到加强和传播。其次，小组每位成员可以有不同的目标，如改善教学方法，深入理解教学内容，分析学生作业，分析学生思维等。最后，在讨论过程中不仅要表达自己的观点，更需要仔细聆听他人的观点，为其他成员的发展需要提出问题，促进小组每位成员的专业成长。

二、分析教学录像察知需要改变的地方

运用 Medianotes 分析视频，分析时教师要选择 3～4 个编码，这些编码主要包括：教师对教学内容的理解，教学时间安排，学生活动参与，提问，学生思维能力的展示，教学效果等。这些编码与试图改变其教学的目标息息相关，教师根据自己抽取出来的编码形成分析录像的框架，再将这些框架具体化为评论课堂教学特征的主要依据，然后运用 Medianotes 标签做标志于课堂教学录像，审核具体教学环节是否达到教学目标。教师利用反思指引，或从技术方面，或从方法方面，或站在批判的立场审视选择具体的教学片断，与其他人进行分享。在与他人的讨论中获取有益的评价和意见。

Medianotes 软件让教师站在旁观者的角度多次观看分析课堂教学录像，促进教师反思其课堂教学行为。没有课堂教学录像，教师仅凭记忆全面地反思课堂教学行为是件困难的事。第一，因为教师无法在短暂的时间内记住瞬息万变的课堂所发生的事情，也不能把自己的注意力分配到教室的各个角落和方面，甚至不知道下一分钟课堂会发生什么。第二，在教师的潜意识里，课堂上的表现常常被视为理所当然的事情。这些既定的事实决定了教师思考和行动的方式。教师并不愿意澄清长期以来赖以生存的事情。第三，实际的课堂教学不可能达到十全十美，会存在诸多问题。但这些问题并不是以既定的现成的显现的方式呈现在教师面前，而是需要教师在混乱、繁杂和不确定的教学情境中去发现。

但通过课堂录像视频教师可以看到课堂上所发生的各种事情，并运用理论、方法和热情对教学情境进行重新组织，发现课堂教学中存在的缺陷和问题，产生改变课堂教学的愿望。站在旁观者的角度审视自己的教学可以帮助教师发现他以前未曾关注的问题，这些问题不仅有方法方面的还有内容方面的，不仅有学生的表现还有教师的表现，甚至还有教师遗忘了和学生交往时的一些小的细节等。总之，教师在观看课堂教学录像时总是惊奇发现，自己所看见和自己所记忆的存在差异。差异是对课堂教学问题的模糊认识，不能清晰界定存在的问题，但差异的存在给教师提供了反思的前提和空间，促进教师把课堂教学录像分析看成是与一个既熟悉又陌生的客观异己的教学录像进行对话。理想的教学是什么，实际的教学是什么，课程与教学目标是什么，我的教学是否达到了教学目标，学生是否在一定的环境中表现了目标。但一般的课堂观察不能给教师这样的感受，而且面对其他观察者的评论和反馈意见，心里总是会问自己"我是这样吗？在记忆里课堂教学并不是这样"。这种评论和反馈确实是教师接受反馈意见的常态。换言之，这种反馈不能完全引起教师的共鸣，不能在某件事、某个活动、某个环节上达成共识，教师不能心悦诚服地接受教学中存在的问题，因此，这种反馈也不能给老师提供具体可行的改进策略。但教师在亲眼看到自己的课堂教学实况之后，会很信服地承认自己所看到的一切，这种方法比其他的反馈途径或方法更容易让教师通过反问省思察知自己需要改进的地方。

教师需要经历混沌感知到清晰逻辑性的反省性认知过程来完成对自己教学录像的分析。教师观看自己教学录像发现差异的根本原因在于，教师正常的期望不能得到满足，教师就会处于困惑的问题状态。困惑使教师必须面对自己的教学录像做认真的检查，确认哪些地方发生了问题，到底发生了什么问题。教师对这些问题的追问表明教师开始了对自己教学录像进行实质性的反省和分析。教师如何对自己的教学视频进行细密、彻底和确实的分析？从哪些方面进行分析，或如何产生教师分析视频的编码？这需要教师对自己的教学录像进行理论和逻辑的分析，而不是靠感觉。一般来讲，教师要根据自己选定的好教师的标准中的 2～3 项内容作为自己发现问题的工具。否则教师在观看录像视频时，仍然像没带购物清单而走进杂货铺一样，到头还会把一些内容忘记，反思没有严谨性和系统性，这样的反思质量不高，易使教师忙乱且效率不高。

三、头脑风暴批判思维产生改变教学行为的思想

当教师和其他教学录像视频分析成员组成一个录像视频俱乐部的时候，教师之间就建立了教学共同体。这个共同体有相似的行动和体验，并有需要分享自己独特体验的倾向。教师在共同体中所学习的知识和经验是由共同体中每个教师讨论时发表的意见所传递和影响的。教师的经验只有当通过与其他人的相互影响被分享和被赋予意义的时候才能成为经验。教师和其他人讨论教学录像一般都在教研室或其他非正规的情境下进行。尤其是在非正规场合，教师没有心理压力，把课堂教学录像分析看成是自己生活的常态，没有面具，没有伪装，参与的其他教师也容易进入角色。讨论时，教师要说明课堂教学的具体情境，介绍自己关注的教学片断想给大家呈现什么内容，或者说，给其他参与者一个讨论指引。这个指引需要教师提供这个课堂录像的背景；指明自己的努力方向和目标；实现这些目标通过哪些教学环节和活动；让参与讨论的同事写出他看了视频后的反应；参与者分享彼此的看法；通过讨论反馈之后，教师再次设定新的目标和行动方案，再接着进行尝试。这样的活动可以循环往复直到教师认为达成起初设定的目标。

教师确认了自己教学中需要改变的地方之后，他们需要运用头脑风暴的方法想出具体改变教学行为的策略。教师在观看教学录像做标记时发现需要改变教学行为的地方，当时也会记录如何改变的想法，但这种想法是否真的有效还不能确定。教师和讨论小组成员商讨，小组讨论集中于教师标识出来的教学片断，采用多元化的视角观察录像，提供更多解决问题的策略，弥补教师独自一人反省时遗漏的地方。讨论小组开诚布公地揭示遇到类似问题及解决问题的策略，给教师很多心理安慰，教师不再觉得只有自己才会犯这样的错误，面对存

在的问题不再焦虑，因为在相同的情境下大多数老师也遇到类似的困惑。基于此小组讨论所提建议更中肯贴切，教师也相信通过研讨可以找到解决问题的方法。

四、实施解决问题的策略

教师分析教学录像视频，不需别人告知哪里错了，自己便可以发现需要改正的问题，而且愿意改正存在的问题。这一心理使教师实施解决问题的行动具有主动性和积极性。

积极主动地实施新的教学策略，教师便不自觉地把需要改正的地方深刻地记在脑海里，在课堂上不断地提醒自己需要修改。知识的存储有两种形式：一种是语言形式；另一种是非语言形式。非语言形式可以是影像。这种影像的清晰程度使教师在写下一个教学计划的时候特别清楚他想改变什么，如何进行改变。

教师可以重复实施新策略过程。因为第一次实施新的策略可能还会存在一些问题。这时教师需要反复观看每次实施新教学策略的教学录像，发现实施新策略存在的问题以及找到恰当的解决问题的方法。问题的解决不是一劳永逸的，随着时间的流逝，随着教师思想的变化以及上课地点的变化，教师需要不断地进行改进，这样才能不断地提高教学技能，提升教师教学评价能力，促进教师专业成长。

五、评价实施新教学策略后的改变

教师喜欢运用录像视频分析的重要原因在于，利用录像视频所做的价值判断不是终结性评价，而是发展性评价。这种评价能促进教师改进自己的教学行为，而不决定自己是否是一个好教师。这种评价能给老师提供自己改变的实物证据，看到教学行为改变后带来的效果和作用。讨论小组的同事们看到改变后的录像和教师本人一样激动，这种激动比仅仅听任课教师自己说他做得如何好更真实。这种评价给教师很多激励，给教师很多时间、空间和机会，一点一滴地改变，最初与最后一次的录像对比与比较后就会发现教师付出的努力所获得的巨大进步，这种活动的坚持不懈会让教师感受到成长的快乐。

教师不仅仅通过录像视频认识到教学中存在问题，其实在教师教学实践活动中还有很多因素可以激发教师发现问题改变教学行为。只是因为教师更相信通过录像视频所获得的反馈。正如 Brinko 所言，当教师认为反馈资源是可信的，反馈就更有效；当反馈包含着不可抗拒的信息，反馈更有效。[①] 录像视频作为可信的资源，允许教师用自己的眼睛亲眼观察，因此教师更为相信需要改正的地方。教师把反馈资源视为包含丰富的信息足以让老师做出正确的判断，教师对讨论小组建议的接纳也在于相信他们的建议基于客观的信息。这也正是 Schon 所描述的：反思行动在看得见的情境中更容易理解、证实所采用的行动。所以，录像视频不仅帮助教师反省，而且有助于发展教师的行动能力。[②]

教师观看教学录像改变教学行为的过程中，逐渐聚焦准确发现需要改变的地方，和其他小组成员商讨容易达成共识，对教学行为越来越负责任。为此，教师越来越喜欢录像观看教学是否有所改变和提高。教学录像的反馈带有奖励或惩罚，成为教师改变教学行为的内在动机。教师通过教学录像视频看到自己的提高，付出努力得到了回报以及听到同事对改变后教学行为的褒奖，得到莫大的鼓舞。

四、人格完善模式

教师人格完善模式强调的是教师专业发展对教师人格完善、自我价值实现的重要性和教师主体在教师专业发展中的重要角色和价值。[③] 这种模式以人本主义心理学为基础。这种模式提出的缘由在于，教师专业发展忽视了教师自身

① Brinko, K. T. (1993). The practice of giving feedback to improve teaching: what is effective? The Journal of High education, 64: 574—593.

② Schon, D. A. (1983). The reflective practitioner: How professionals think inaction. London: Temple Smith.

③ 宋广文、魏淑华. 论教师专业发展. 教育研究，2005(7).

需要的本体价值，忽视教师作为人的尊严和需要，片面夸大了教师专业发展的工具性价值，对教师专业发展的研究或政策的制定多从促进学生发展和社会进步所需要的教师的角度出发，教师专业发展的要求主要是自上而下，是从外部努力的，而不是从教师的心理内部来考虑。其主要特点如下：

1. 教师的主动参与是教师专业发展的必要条件

缺少了教师主动参与的教师被动专业发展，取得的成效是有限的。教师的专业发展离不开教师的主动参与。教育是活动，教师就要参与，否则就会隔离于教育之外，教师只有主动参与才能激发学生、启迪学生。教师参与了专业发展，并一切落实在行动上，就会体现出一种精神的活力，体验生活的价值和意义。

2. 教师专业发展需求是教师专业发展的内在动力

教师是具有自我意识的人，自我意识是人成为自己发展的主体的必要条件。较强的教师专业发展意识能将教师的专业发展提高到自觉的水平，具有较强专业发展意识的教师，知道自己现有的专业发展水平和目标，知道自己现在需要什么，应该做什么，能够自觉地制订自己的专业发展计划，并在专业发展过程中不断调整自己的发展计划，使其不断完善。

3. 教师专业发展既要实现教师的人生价值，又要实现其人格价值

教师存在的意义可以理解为他的价值，他的价值包括教师的人生价值和人格价值。教师的人生价值是指教师对他人、社会的价值，强调的是教师如何使教师自己的人生有益于社会和他人；教师的人格价值是指教师行为维持其需要、尊严、自我价值的实现等的价值。从人生价值和人格价值统一的角度来理解教师的专业发展，其应该具有双重性，教师专业发展实现其人生价值，是教师专业发展的工具价值，即指教师努力学习新的知识、提高教育技能，把自己培养成一名合格的专业型教师；教师专业发展实现教师的人格价值，是指教师把教育活动作为一种境界加以追求，关注生命、关注社会现实，目的是教师的专业发展超越功利，成为个体生命完善的主要通道。教师专业发展即要重视他的工具价值也重视其本体价值。

4. 教师专业发展的内容全面化

传统的教师专业发展内容比较单一，狭窄，只强调教师专业结构中的专业知识和专业技能方面，往往忽略了教师的专业情感、专业期望、专业价值观、专业发展意识等。教师本位的教师专业发展关注教师的需要、情绪，尊重教师的自主意志，重视教师专业发展意识，强调教师专业发展对教师自我价值的实现，使教师的专业发展获得动力源泉，以持续促进教师专业发展。

专题三　教师专业发展的过程

任何职业的从业人员都有一个专业成长的经历和过程。一个优秀教师的教育品质是逐步发展和积累起来的，有些品质是在师范教育前初步具备或已经具备并基本成型的，如教师的语言基础知识和基本技能、分析、判断和推理能力、逻辑表达能力、社会交往能力等。师范教育只是教师专业成长的一个重要环节，许多教师的专业能力和技能大都是在工作实践中逐步养成的。由此看来，教师的专业成长是一个多阶段的连续过程。有研究表明，中学优秀教师各种特殊能力形成时间的分布，平均为大学前占 21.95%，大学期间占 12.74%，职后占 65.31%。

在教师专业发展的研究中，有学者认为年龄与教师专业发展联系密切，因此将年龄作为一种主要参数和分析常模，运用生命历程的方法来描述和记载教师专业发展的过程及成熟的程度，分析教师专业发展的阶段。也有学者认为，教师专业发展并不仅仅是一个生命的延续过程，岁月的记述很可能使我们忽视发展所依据的基本过程。一些发展理论则从认知发展、人格发展等角度来分析教师专业发展的过程。所以奥加指出，教师的专业发展阶段实质上可以从两个角度进行分析，第一个角度是注重与教师年龄有关的职业生涯的发展；第二个角度是注重与教师认知发展阶段有关的情感、行为等方面的发展。也有学者提出，有关教师专业发展阶段的研究路向（Approach）有三种，即"发展路向"、"生物路向"和"社会化路向"。

有关教师专业发展阶段的研究"路向"尽管存在歧义，各种理论的阶段划分也不尽相同，但对其比较分析可以发现这些理论有诸多共同之处：

①承认各个阶段都有发展的个别差异；

②把教师在环境压力下所产生的需求看成是教师专业发展的动力；

③充分注意到教师在各个发展阶段所具有的特性和兴趣；

④把着眼点集中在教师随时间的改变而带来的种种变化上；

⑤对教师专业发展阶段的变化的描述多侧重于教师实际已发生的变化；

⑥把教师职前的教育和在职的专业发展联系起来，把两者看作是一个完整的、持续的专业发展历程；

⑦教师专业发展的目的在于使教师不断适应变化着的教学环境，增长专业能力，从而胜任其角色，进而达致自我实现的境界。

教师的专业发展是一个连续的、动态的、终身的过程，在这一过程中教师会面临各种各样的困境和危机，这些困境和危机有些来自于自身的因素，有些则来自于环境。

■ 一、新任教师的新奇与困惑

新手教师成长的基本过程包括适应期、稳定期和发展期。从面对复杂的课堂教学而感到无所适从到熟练掌握教学基本功，积累一定的教育教学经验，开始形成初步的教学风格，一般需要 6～10 年的专业训练。

青年教师的成长过程既受个人、家庭、学校和社会的制约，又受自身德、知、才、学、体等诸要素的影响。教师专业成长发展的基本规律可以概括为以下几个方面：

(一)教师的职业理想是其成长的动力要素

教师职业理想的形成往往需要一个较长的曲折的过程。在这个过程中，对教育事业的热爱、对学生的爱起着关键性的作用。

(二)教师的教育理念是其成长的关键要素

教师的职业知识和能力只有在教育理念的统领下才能充分发挥功效。教育理念反映的是教师对教育工作本质的理解，直接影响着教师的教育态度和教学行为，甚至还间接地影响着未来教育的发展。教育理念位于教师专业结构中的较高层次，对其成长有重大影响。在教师接受新的教育理念时，那些实际存在的理念可能成为过滤新理念的筛子，并对新理念的形成产生不利的影响。从我们接触到的青年教师的成长情况来看，青年教师接受新的理念的周期越短，则其成长越快。

(三)教师的知识水平是其成长的基本要素

教师的知识可分为三个方面，即教师的学科知识、实践知识和教育理论知识。教师的学科性知识是指教师所具有的特定的学科知识，如语文知识、数学知识等，教师必须掌握一定量的学科知识，但并非学科知识越多越好。教师的实践知识是指教师教学经验的积累。实践知识受一个人阅历的影响，这些阅历包括个人的打算与目的以及人生经验的累积效应，这种知识的表达包含着丰富的细节，并以个体化的语言而存在。教育理论知识是一个教师取得成功教学的重要保障，我们把教师的教育理论知识具体化为三个方面，即学生身心发展的知识、教与学的知识和学生成绩评价的知识。

目前广大教师普遍缺乏的是实践知识，这是我们在教改实验中应特别予以重视的。

(四)教师的教学实施能力是其成长的核心要素

教师的教学实施能力是指教师为了达到预期的教学目的，在教学过程中将教学活动本身作为意识的对象，不断对其进行计划、检查、评价、反馈、控制和调节的能力。它是教师的思维在其教育教学活动中的具体体现。

[案例]

(A 为采访者，C 为个案教师)

通过访谈了解到教师 C 和大部分青年教师有着相似的经历，她学生时代时不愿做教师，无奈考入师范院校，最终步入中学的大门，登上了神圣的讲坛，心中虽有沮丧，但她还是以平和的心态接受了现实。在新手摸索期，她有过情绪的低落，也不缺乏对教学的热情；有过对困难的迷茫，也具有克服困难的勇气；有过忙碌后的辛苦，也有取得成绩后的幸福。

A：刚踏上工作岗位是什么样的心情？

C：可以说是很沮丧。因为1990年我高中毕业进入青岛师专纯粹是因为高考失误，说实话，在此之前从没有当老师的想法。高三时，学校准备保送我到华东师大，虽然这是个十拿九稳上大学的好机会，可是我实在是不想当老师。但是命运偏偏会捉弄人，最终还是要当老师，走进学校。1992年8月，我来到了青岛某中学，那时，高考失误的阴影我始终摆脱不了，再加上走进的学校是一所极普通的中学，办学条件一般，生源和教学质量都不理想，被称为"三类"学校。我没有激动，没有憧憬，也没有理想，心里想，这只不过是一份工作罢了，是谋生的必要条件，既来之，则安之。

A：第一年的工作环境如何？

C：刚开始工作一切都是那么陌生。教研组里老教师多，年龄都在45岁以上，加上我也只有两位青年教师。老教师都非常敬业，对我的影响很大。

A：工作量大吗？

C：第一年教两个班语文课，学校还安排我担任初一的班主任。工作伊始，成天陷在繁杂的班级事务中，学生的问题多得数不清，今天张三告诉我李四骂他了，明天李四又跑来说他的橡皮丢了，后天王五下课打闹被检查的扣分了……我简直是处在一团乱麻之中，分不出头绪。至于说到我的语文教学，反倒成了"副业"，好在有一本《教学参考书》，这可是我的救命稻草，每天晚上，上完夜校的课（我在山师大夜校进修本科）回家，拿出参考书，把重点内容抄录在语文课本上，这可是我第二天上课必需的。

A：担任班主任有困难吗？得到过重要帮助吗？

C：在我毫无心理准备的情况下，我已经成为初一6班的班主任——全校最年轻资历最浅的班主任。当时遇到的问题都是新的，困难挺多的。记得第一次见到我班的学生是在操场上，全校初一新生排好队伍，等候校领导讲话。

各班主任都在自己班队伍前面，整队，维持秩序。面对着60张陌生的面孔，我有些惶然，看到他们一个个小脑袋滴溜溜乱转，用审视的眼光打量着我，我脑子里一片空白，不知所措。当时如果不是学校的团委书记帮我，我班的学生可能半天也静不下来。后来，我就摸索着干，经常观察其他同事怎样处理学生问题，在懵懂中，三年结束了。

A：三年中最大的收获是什么？

C：我的第一届学生以学业成绩和班级管理皆优的好成绩毕业了，我也因此成为学校年轻教师中的佼佼者，成为大家眼中的有能力、有爱心、有责任感的优秀班主任和任课教师。面对这些，我有点飘飘然：原来教师这么容易成功！只要我喜欢孩子，我就能教育好学生，这是我送走第一届学生之后最大的收获。

A：在教学上有学校指定的"师傅"吗？

C：没有指定的师傅。那时学校没举行"师徒结对"活动，遇到问题大多是自己主动请教组里的老师。

刚刚从学校走上工作岗位的新教师，往往都幻想自己能潇洒地走进课堂，大干一场，取得很大成绩。C老师却不同，她没有激动，没有憧憬，也没有理想，只不过是把工作看成必要的谋生条件。然而在新手摸索期她却在教学上取得了较好成绩，得到了领导、同事、学生们的认可。C老师能取得较好教学成绩的主要因素有：

1. 对学生具有关爱之心

教师热爱学生是教师职业道德的一个重要要求，是教师工作取得成效的重要保证。从C老师的谈话中可以感觉到，在初登讲坛的三年中她对学生有无私的爱心。她坚信："只要我喜欢孩子，就能教育好学生。"

2. 具有高度的工作责任心

所谓责任心，是指个人对自己和他人、对家庭和集体、对国家和社会所负责任的认识、情感和信念，以及与之相应的遵守规范、承担责任和履行义务的自觉态度，是对公民的基本要求。教师所从事的是极其重要的特殊职业，担负着教书育人的职责，责任心体现在教育教学行为的每一个细节上。

C老师从教以后，她能安心教书，不见异思迁，以平常心态踏踏实实工作，足以见得她是一个具有高度责任心的教师，这是她取得好成绩的前提。

3. 具有扎实的学科专业知识

教师知识是指教师从事教育教学活动应具有的所有知识，是教师从事教学工作的前提条件。教师知识作为教师认知活动的一个基础，自20世纪80年代初开始成为教师教育研究的焦点。从C老师的经历可看出，丰厚扎实的学科专业知识是新手教师取得教学成绩的一个重要因素，且这种丰厚的知识往往得益于学生时期的积累。

4. 拥有和谐的人际关系

青年教师走上工作岗位就会碰到如何处理人际关系的问题。诸如和领导的关系，和老教师、中年教师的关系，和同辈人的关系，与家长的关系等。青年教师从一个学生到一名教师，刚刚完成角色转变，由于缺少社会经验，处理人际关系的能力相对较弱。有关研究表明：只有当教师在工作岗位上与同事配合得十分协调时，才能很好地进行教学工作，才能从同事那里学到许多宝贵经验，才有可能运用好集体的智慧，提高自己的教学水平。反之，会使青年教师时时感到一种无形的压力，经常会情绪低落，无心投身工作，无心研究教学，自然也就会影响青年教师自身的健康成长。

■ 二、成熟教师的稳定与发展

"高原现象"本是教育心理学中的一个概念，指的是在学习和技能的形成过程中，练习的中后期往往出现进步的暂时停顿或者下降的现象。在曲线上表现为保持一定的水平而不上升，或者甚至有所下降，但在"高原现象"之后，又可以看到曲线的继续上升。这种"高原现象"的例子在教师的专业成长中也经常出现。实验与研究发现，在专业成长过程中，处在"高原期"的教师专业发展停滞不前，好像很难再上一个新的台阶，找不到前进的动力，影响教师专业的成长。

（一）教师专业成长中产生"高原现象"的原因分析

首先，非直线性发展是产生"高原现象"的主要原因。众所周知，随着我国教师专业化进程的不断加快，社会对教师的要求也越来越高，"教师"已不再是一个简单的职业，而是一个技术性很强的专业，它不仅要求从事这项工作的人——教师具备一定的专业知识，而且还要有一定的专业技能。虽然教师在师范院校学习期间已经学习并掌握了大量的相关专业知识、条件性知识，但心理学告诉我们，知识和能力的形成并不是同步的，知识掌握在先，能力形成在后。所以把这些知识与教学实践结合起来转变为一种技能、能力则需要一定的时间。此外，新旧教育理念的矛盾，对教师也提出了新的挑战，必须把新的理念、要求、技能与自己原有的知识、技能与能力结构发生联系，形成自己新的知识结构和能力系统。然而，这种体系和系统既不是上述要素的简单累积，也不是各要素联系的简单加强，而是需要它们有机的融合，而且这种融合不是一蹴而就的，它需要一个过程。所以，在教师的知识还没有通过实践转化为能力之前，在教师新的知识结构和能力系统还没有形成以前，在知识与能力新老交替的格局没有完成之前，必然会出现一个新旧过渡的时期。这时教师的知识、技能、能力的发展会处于一个相对停顿的状态，甚至会有些退步。综上，我们认为，教师的专业发展也要经过"开始阶段——迅速成长阶段——'高原期'阶段——克服'高原期'阶段——迅速发展阶段"的过程。"高原现象"是教师专业发展过程中的一种带有规律性的现象。

其次，社会压力是教师产生"高原现象"的另一个原因。现代社会对人的素质要求越来越高，对教育质量的要求也水涨船高。过去教师所面临的压力如来自学校、学生和家庭的压力，在现代社会中依然存在，而且现代社会不但在某种程度上增加了这些压力的强度，并且又给予教师这一职业一些前所未有的压力。这些压力会给教师的工作带来一些消极影响，使某些不能胜任工作的教师丧失信心。为了缓解压力，某些教师可能会采取得过且过的态度，"混沌"度日，成长中出现"高原现象"也就不难想象了。

再次，教学环境也是教师产生"高原现象"的因素。随着社会的变迁，社会日趋功利，学生的问题日渐增多，教师必须花费更多的时间与精力来处理学生问题。而学生人数的膨胀，过多的考试压力，过多的工作量也增添了教师工作的负荷量；另外，在学校教师缺乏自主性，职称评定中论资排辈的现象使整个学校气氛更趋非人性化，教师职业发展的阶梯相对减少，久而久之，成长中的"高原期"就会越拉越长。

最后，教师自身人格因素的缺陷是教师产生"高原现象"的内在原因。为什么有的人成长中很少有"高原现象"，而有的教师却频繁出现"高原现象"？这与教师的人格特征有关，有些教师自卑、优柔寡断、缺乏开拓精神，因而当他们面临压力、困难时，往往不能采取适当的应对方式，最终导致障碍频繁出现。

此外，教师的待遇和薪水相对较少，社会地位相对较低，工作强度过高，角色要求过多等原因造成教师对职业的认同、满意程度降低。这些主观因素也会导致教师专业成长中"高原现象"的产生。

(二)教师专业成长中"高原现象"的特点

1. 出现时间早晚的差异

很多研究者把教师的职业发展划分为不同阶段。譬如，卢真金把刚从师范院校毕业的见习期教师到理想的学者型教师分为四个阶段，即适应阶段、定型阶段、突破阶段和成熟阶段。宋广文将教师的专业发展划分为五个阶段，即新手阶段、优秀新手阶段、胜任阶段、熟练阶段和专家阶段。我们认为，不管采用哪一种划分方法，教师的专业发展都是一个由低级到高级、由简单到复杂的循序渐进的过程。在这一过程中，对于每个教师而言，无论在哪个阶段都可能出现前进的暂时性停止。不同的是，由于教师的知识结构、能力类型与水平、个人的努力程度以及所处的具体环境存在着差异，在其专业发展中产生"高原现象"的时间也会有先有后。

2. 自我归因的差异

动机归因理论认为，对事情结果进行不同的归因往往会产生不同的情感反应和期望改变，而这种归因后果又常常促动后继的行为，成为后继行为的动因。归因的因素包含三个维度，即内外性、稳定性和可控制性。归因的内外性和控制性影响指向自我的情感变化；归因的稳定性影响未来成功和失败的主观可能性；归因的控制性则常常引起内疚和羞愧。处于"高原期"的教师常常会对专业发展停滞不前的原因进行分析与探讨。不同的归因往往会产生不同的情绪反应，也会产生不同的动机效果，从而影响教师对"高原现象"的正确认识，影响教师专业的正常发展。

3. 解决问题方法的差异

从某种意义上讲，归因内容的不同决定了解决问题方法的不同。如果一位教师把产生"高原现象"的原因归结为缺乏努力，那他除了感到羞愧和内疚之外，为了改变现状，完成发展的突破，他还会积极寻求解决问题的途径，付出更多、更大的努力：或是自己钻研、反思；或是求教于有经验的前辈，或是争取机会到外地参观、考察、学习，以期突破"高原现象"。总之，他会以一种建设性的态度对待自己和"高原现象"。相反，如果一位教师把"高原现象"的原因归结为自己不具备胜任一位教师的能力，那他除了会产生沮丧的情绪外，他甚至还会萌发出强烈的自卑情结，对工作和学生表现出前所未有的冷漠，失去发展的信心，停止对工作的努力。

4. 持续时间长短的差异

这种差异是指对于不同的教师而言，他们在专业发展的同一阶段"高原现象"持续时间的不同。有的教师可能持续时间较长，有的可能则相对较短，也有的则可能停滞不前，不再发展。教师在"高原现象"持续时间的长短在一定程度上取决于其归因的内容是否正确和采取方法是否有效，以及学校领导和同事对其关心、理解与帮助的程度。

(三)克服教师专业成长中"高原现象"的基本对策

1. 宏观对策：优化的社会心理环境是基础

社会心理环境就是指社会大多数成员所具有的价值观。社会心理学认为，一个人的发展方向很大程度上取决于社会心理环境。为了形成有利于教师专业成长的社会心理环境，应该采取切实有效的措施，在全社会营造尊师重教的良好氛围。同时，整个社会也应该给教师"减压"、"减负"，还教师一个正常的、平静的生存环境。

2. 中观对策：学校领导的远见卓识是关键

(1)努力营造一个开放、宽松、支持性的成长氛围。学校要在感情上关心教师，事业上支持教师，努力营造一个良好的成长氛围。这样，当教师处于"高原期"时，则不会有太大的精神压力和太多的精神负担，从而为克服"高原现象"在情绪、情感上提供保证。

(2)实行民主的管理，激发教师的自我发展需求。许多学者认为，教师的自我发展需求是教师专业成长的动力。学校应强化民主管理，赋予教师更多的自主权和自由度，给教师提供展示自我的平台；改革教育、教学评价体系，激发教师的自我发展需求，这样才能较好地解决教师专业成长中由于厌倦、自卑等因素造成的"高原现象"。

(3)通过多种渠道关注教师的成长。教师专业成长中的"高原现象"千差万别，学校应该通过调查研究，了解不同教师在专业发展中存在的具体问题，对处于不同年龄阶段、不同成长阶段的教师有针对性地采取学习、培训、提高的方式，帮助教师克服"高原现象"。

3. 微观对策：教师的自主实践活动是根本

"解铃还需系铃人"，克服教师专业成长中的"高原现象"最终还要取决于教师自身的努力。

(1)正确认识"高原现象"。很多教师不能正确认识"高原现象"是一种规律性的现象，产生"高原现象"后，常常茫然不知所措。这种认识与做法会给教师克服"高原现象"带来一定的困难。当出现发展停滞等类似"高原现象"的问题时，教师应该积极调整自己的情绪，克服"高原现象"带来的挫折感、自卑感，积极面对，坚信通过自己的努力最终可以克服"高原现象"。

(2)积极寻找产生问题的根本所在。产生"高原现象"的原因千差万别，有的教师可能是知识不足、知识结构不合理；有的教师可能是没有付出足够的努力；有的教师可能是缺乏敬业精神；还有的则可能是缺乏对教育、教学实践的反思……当在专业成长中出现"高原现象"时，教师应该保持清醒的头脑，根据自身的实际情况，找出"高原现象"产生的真正原因，有的放矢地加以解决。

(3)充分利用周围资源。教师的专业成长与其敬业精神、自我发展需求和对教育、教学的反思密不可分，教师的成长更大程度上取决于自己的钻研与努力。此外，寻求教研组的帮助也是教师克服"高原现象"的有效措施。教研组（或年级组）是教师经常性活动的专业生活小区，教师在这里交往、备课、批改作业、讨论问题、交流思想。教研组体现着教师们直接的人际关系，也是教师专业活动中的微观心理环境，它决定着教师工作的情绪和心境。教研组的集体修养水平，构成了内在的关系状况和心理氛围。

(4)倡导"课堂拼搏"行动研究。我国众多优秀教师、教改先行者的成长历程无一例外地显示，在"课堂拼搏"中"学会教学"是他们成长与发展的规律，因此，教师的专业成长也应该在"课堂拼搏"中不断进步。现代教师发展的研究表明，经验加反思的行动研究是教师专业成长最有效的途径，也是教师早日突破"高原期"的有效方式。教师要充分发挥主观能动性，强化自主实践活动，通过撰写教历，自我反思，记录对自己专业成长影响较大的关键事件，为教学提供基本素材，在经验中学习，在行动中研究，在反思中成长。

[阅读链接]

　　邹见芳，女，生于 1966 年，中学高级教师，1990 年毕业于山东师范大学历史系，现为山东省日照市港务局中学历史教师，市骨干教师、教学能手，日照名师，为山东省历史学会会员和中国近现代史史料学会会员。她热爱读书，努力上好每一堂课，结合教学实践反复实验，形成了一套比较成功的教学模式——中学历史导学教学法，2000 年《山东教育》第 10 期重点推介了这一教法；曾获局劳动技术比武第一名，市优质课一等奖，多次举行省市级公开课，多篇论文发表、在省市获奖，制作的课件曾获省一等奖。一直参与《"伴你学"新课程》、《中考说明》等的编写、审稿和定稿工作，并多次参加省《基础训练》、中考复习资料、《弘扬民族传统》教材和教参等的编写，在专业成长的道路上越走越宽、越走越远。她在讲述自己的经历时这样说道：

　　回顾自己 17 年的教学历程，还是比较顺利的，毕业后直接分配到港务局中学，5 年进中级，10 年评上高级。但也体验了无法超越自我的"高原期"，那是工作 10 年晋升高级职称后，觉得职称到顶了，不会有多大发展了，这辈子也没有更高的要求了，感到很迷茫，曾经产生过"以后不如混日子"的消极情绪。

　　但经过一个阶段后，自己在想这样一个问题：自己只有 35 岁，正是事业的黄金时期，虽然进高级了，但"我的特色是什么？我的风格是什么？再向前发展一步会怎么样？能否给年轻教师留下点什么？"我自己一时无法回答。有了这个想法以后，就经常反思自己：如果继续这样下去，退休后回顾一辈子的为师生涯，我的收获除了职称还会有什么？这个设问一下子把自己惊呆了！工作的 10 年是靠气盛、热情取得了一点成绩，还没有形成自己的教学风格和特色，没有自己成熟的教育思想，还仅仅处在自己事业的发展期，怎么就能停滞不前呢？于是，我开始了新的探索，感觉此时期又如同拧紧了发条的钟表，不知疲倦地学习、工作，这种工作使我实现了一种"质"的飞跃，积极地参与教研室的课堂教学、论文评比等各类比赛，这些活动迫使自己钻研课堂的技巧方法，推敲教学细节，在课堂教学中，除了发展完善了"导学法"教学，还寻求新的教学方法——合作探究教学法等，能够"跳出课堂看教学"；自觉主动地学习教育理论、翻阅了大量的教育期刊、浏览各种教育网站，了解本专业的最新学术动态和最新科研成果，尝试教学反思和教学研究，效果显著。积极参与到教研室的各项教研工作中来，终于获得了一系列教育教学成绩，成为学生深爱的历史老师，先后被评为学校、教育中心、市教学能手、骨干教师，2005 年还获得了"日照名师"这个光荣称号。

从我亲身经历和了解的其他老师任教历史来看，这种"高原期"是一种必然现象，也是教师发展的一个关键期，目前的教师培训比较注重青年教师，而忽视了教师成长过程中遇到的困难，这对教师的良性发展较为不利，能否突破"高原期"，是一个教师从"平庸"到"卓越"的关键，也是教师能否解决职业倦怠心理问题的关口。实现超越需要教师的主观努力，最主要的方法是学习和反思，从实践中学习、从书本中学习、从研究中学习，反思自己的观念、反思自己的行动、反思自己的发展；同时，教育部门和学校也要认真研究和规划，为教师超越自我提供必要的客观条件，搭建起不断促进教师发展的平台，在教师提高的同时，也促进学校自身的发展。

■ 三、专家型教师的激情与超越

教师成长固然有赖于好的环境，但更重要的取决于自己的心态和作为。以窦桂梅为例来说明专家型教师的激情与超越。窦桂梅认为社会是课堂，实践是砺石，他人是吾师，自身是关键。

窦桂梅来自农村，1982 年，15 岁的窦桂梅走进吉林师范学校。4 年后以优异的成绩毕业留校做文书工作。但她认为既然学习了 4 年的师范，就该成为一名好教师。几经周折，终于改派到吉林市第一实验小学。由于分配太晚，窦桂梅被安排到教务处做辅助工作。在这个岗位一干就将近 5 年，先后教过语文、音乐、数学、美术、自然常识、思想品德几门课程。每一次代课，窦桂梅都全力以赴。代数学课时，所带班级成绩名列前茅；代音乐课时，上过大型公开课。但窦桂梅感觉自己还是喜欢语文，而且语文教学也能更好地丰富自己的底蕴。因此，几年里窦桂梅没有停止过恳求领导，要求更换岗位教她最喜欢的语文。1991 年，她终于如愿以偿。"打杂"的五年使窦桂梅开阔了眼界，积累了经验，综合素质得以全面提升。窦桂梅也会不自觉地把音乐、美术、多媒体、信息技术等形式整合到语文教学中。

窦桂梅靠"韧"劲学习，靠"闯"劲实践，靠"恒"劲积累。当上教师以后窦桂梅把书籍作为自己成长的土。利用 9 年的时间，从函授的专科一直读到师大研究生课程班。几年来，记下了 20 多万字的读书笔记、50 多万字的文摘卡片。日积月累，书读得多了，听得也多了，窦桂梅越来越感悟到：课堂教学真是一门艺术，有领导、专家指导的公开课更是提高教学水平的快车道。于是窦桂梅找到校长要求上公开课。平常，窦桂梅努力把每一节课都当公开课来要求自己，久而久之，课堂教学水平明显提高。1995 年和 1997 年，先后代表吉林省参加全国小学语文教学大赛，均获一等奖。不断地积累已经成为窦桂梅的自觉行为。在琐碎繁杂的工作之余，她努力挤出时间写教学随笔、教育心得。另外，窦桂梅在"教育在线"网站经常粘贴自己的"豆腐块"，以便和网友交流。几年来写下了 100 多万字的教育教学笔记。出版了《为生命奠基》、《我们一起成长》、《窦桂梅阅读教学实录》等个人专著。

窦桂梅的成长经历说明，成功的教师，要冲破以教材为中心，以课堂为中心，以教师为中心的樊篱，超越教材，超越课堂，超越教师，引导学生进行语言的积累、生活的积累、情感的积累。

(一)超越教材

窦桂梅在教学中，经常与学生大胆地对现行教材进行增删取舍，努力让教材成为学生发展的重要策源地，并在此基础上扩大篇章的积累量。6 年的学习中，学生积累了1000多条成语，100多个寓言故事，200多条古今中外格言警句，平均每个学生的识字量在3000字左右。6年里，她用自己编辑的《诗词300首》，带领学生背诵了300多首古今诗词。使孩子们积累着诗的语言，感受着诗的情怀，摒弃了"课内背教条，课外背广告"的现象。在教学程序的安排上，"钻入教材"是基础，"跳出教材"是拓展与深化，前者重认同与理解，后者重"反思"与应用。从教材中来，到生活中去的认识路线，使教学目标落到实处。不但应在量上扩展延伸，还应带领学生就教材的一些内容进行延伸、修改、重组、再创造，让教材成为学生积极发展的广阔策源地。

（二）超越课堂

"以社会当课堂而不是以课堂当社会。"窦桂梅告诉学生也提醒自己，学好语言不仅在课堂，生活也是语文学习的大课堂，它有着广阔的天地，与生命的成长共始终。因此，窦桂梅将语文引向自然，引进社会，引进生活，引进时代，着眼语文与生活的密切联系，从而拓展学生的生活领域，扩大学生的视野。6年中，窦桂梅请学者教授专家来做讲座、答疑，带领学生参加社会服务劳动，参加社会团体举办的各种活动如体育表演，口头作文大赛，课本剧表演等；她还经常和学生进书店，看展览，看焦点访谈，进行热点采访及社会调查活动。鼓励让学生把看到的、听到的、想到的、感受到的表达出来，鼓励学生自己动手编辑杂志，迄今已编有《萌芽文集》、《创造文集》、《诗画文集》、《发现父母》等，从中可以看出学生亲近大自然，触及社会热点、焦点时所表达的对自然、社会、人生的体认。

在超越课堂的过程中，语言已不只是交流情感和思想的工具，更是人的生存空间、生存条件和存在方式。学生的生活活动、情感活动、心灵活动等所有的生命运动都是语文学习的过程。只有在这样的学习中学生才能感受自然，发现社会，体悟人生；只有这样的语文学习才能为他们身心的健全发展，为他们终身学习和精神成长奠定坚实的基础。

(三)超越教师

师道尊严，学生可以仿之、效之，但绝不是不可超越之。教师不是全部知识、全部真理的化身，我们应该放下架子，蹲下身子，与学生一起去探求真理，发现真理，开创教师和学生平等的对话平台。鼓励学生有超越之胆，敢于超越教师的精神；有超越之识，能够超越的能力，有超越之智，实现超越的成功。语文绝对不是仅仅依靠教师就能学好，而是需要学生自己从鲜活的文字中感悟到独特的情感，从平凡的生活中感悟到高尚的情操。

[阅读链接]

在讲《我的战友邱少云》一课时，窦桂梅为了让学生心中永远树立邱少云这位著名战斗英雄的伟大形象，她抓住课文中的："邱少云像千斤巨石一般趴在火堆里一动不动。烈火在他身上烧了半个多小时才渐渐熄灭。这个伟大的战士直到生命的最后一息，也没挪动一寸地方，没发出一声呻吟"进行了精心设计。首先让学生画出最能表现邱少云精神的词语，在挖掘了"千斤巨石"、"一动不动"词语后，她引导学生抓住"半个多小时"思考："烈火刚刚烧到邱少云身上的时候，他是怎么想的?"、"当他疼痛难忍的时候是怎么想的?"、"直到生命的最后一息时又是怎么想的?"学生受到感染和启发，有的说邱少云想到了没有新中国就没有他的生命；有的说邱少云太伟大了，他一定在心里高喊："共产党万岁!祖国万岁!"有的说为了战斗的胜利他一定会想，这点痛算什么，我才不怕呢。正当她准备和学生带着感情朗读这两句话时，有个学生却说话了。他说："要是我的话，那非疼死我不可，我想火刚开始烧的时候，他坚持住了，真是了不起，不过火烧到一半的时候他有可能就昏过去了，那么他后来什么也没有想。"又有一个学生说："我不同意老师和同学的意见，我曾被水烫过，疼痛的滋味实在难忍，那么火烧的感觉会更难受。如果说他到生命的最后一息没动一下的话，他心里肯定没有想那么多，心里肯定只有一个念头：挺住挺住再挺住!坚持坚持再坚持!就是凭着任何力量无法抗拒的意志，他坚持到了最后。"还有个学生说：

"老师，我觉得你让我们猜邱少云心里是怎么想的不好。其实我们一边读，一边想象当时的情景就会很感动的。本来读的时候想掉泪，可是一分析就没有感情了。"还有的同学奇怪地质疑："邱少云他们是先遣部队，埋伏在离敌人很近的地方，大火在他身上燃烧了半个多小时，他身上带了子弹和手榴弹，那么这些一点就着的易燃物品被烧了那么长时间，怎么没有爆炸呢?"一个悲壮的画面被拆卸得七零八落，学生的激情没有了，变成了一个个困惑、一个个怀疑。她呆住了，面对英雄，教师会认为他们是神，并把成人的认识强加给学生，而在学生的眼里英雄却是活生生的人。的确，神是遥远缥缈的，而人的情感却是相近相通的。由此看来，靠老师是不够的，只有自己去想、去悟、去创造才是最可靠的。

从窦桂梅的成长经历来看，我们可以获得以下启示。

1. 启程——自发追求

只要务实肯干、积极进取、开拓创新，就会在现实生存的土壤中找到自己的生长点，并以自己的成长影响周围。从这个意义上说，是教师自己而不是他人给教师良好的成长环境。

2. 探索——自悟提升

如果抱守以往的经验或成绩，自己的专业就会停止成长。因此，新课程改革背景下，教师应该站在"课程"的高度，自觉成为课程的建构者、践行者、创造者。既要改变传统的教学理念，更要改变每天都在进行着的、习以为常的教学行为；既要紧贴地面行走，又要怀抱问题意识，大胆尝试探索，拥有专业发展精神。

3. 反思——自省常新

经常反思自己的工作是教师是否具有专业素养的标志。学海无涯，艺无止境。教师的专业追求、专业探索、专业提升需要不断的反思，教师要学会在言说和行动中思考，在反思批判中成长。

专题四　教师专业发展的策略

■ 一、知：学习

(一)学什么

根据教师所从事的工作特点，一般认为教师的基本素质要求应涵盖三个方面：教师专业知识的发展、专业技能的娴熟、专业情意的健全。

教师的专业知识包括学科知识、实践知识和教育理论知识。教师必须掌握一定量的学科知识。教师的实践知识是教师教学经验的积累。实践知识受一个人阅历的影响，这些阅历包括个人的打算与目的以及人生经验的累积效应。教育理论知识是一个教师取得成功教学的重要保障，具体包括三个方面，即学生身心发展的知识、教与学的知识和学生成绩评价的知识。在教师的专业知识结构中，目前广大教师普遍缺乏的是实践知识，这是我们在教改实验中应特别予以重视的。

教师的教学实施能力是其成长的核心要素。它是指教师为了达到预期的教学目的，在教学的全过程中将教学活动本身作为意识的对象，不断地对其计划、检查、评价、反馈、控制和调节的能力。它是教师的思维在教育教学活动中的具体体现。

(二)如何学

1. 适应期的培训

适应期教师培训的重点是"转化"，通过"转化"使他们适应教师职业。

(1)角色转化。青年教师的成长规律告诉我们，刚从师范院校毕业的年轻教师们视域宽广思想活跃、易接受新思想、新事物；有强烈的建功立业愿望，渴望把自己的知识应用于实践、奉献给学生，渴望很快成为教育人才。

通过培训可以促使他们尽快了解教师职业的各种职能和职业道德规范，尽快体验到教师与学生在身份、职位、职责上的区别，尽快完成从学生到教师的角色转变。

(2)能力转化。就知识内涵来看，新手教师基本适应当前社会对教师的要求；就知识总量来看，他们基本可以满足本学科的教学需要。但缺乏从实践需要认识教育教学的实践，缺乏把已有知识转化为实际的教学能力，所以教师培训应帮助他们初步熟悉和把握所教学科的教材内容、教材特点、教学要求及一些基本的教学方法、教学程序等。帮助他们把自己所学到的文化专业知识和基本教学理论转化为实际的教育教学能力。

(3)知识体系的转化。新手教师虽然具有相当数量的知识，但不代表他们不存在教学上的知识缺漏，学校学到的知识体系不等同于所要讲授的知识体系。所以他们仍存在获取相关知识的问题，尤其是将所学知识和知识体系转化为所讲的知识及知识体系的问题。

针对上述新手教师特点和需求，适应期教师培训可以重点安排师德修养、教师职业规范和教育教学技能训练等方面的课程。讲授的同时，应当配合使用仿真性情景模拟和多向性案例分析等培训方式。

2. 探索期的培训

(1)完成角色转变，确定发展方向。这一时期的教师培训要进一步明确教师职业的特点，强化教师的职业道德、智能结构和其他准则，帮助他们充分体验教师职业的各种职能，从而尽早完成教师角色的实现。另外还要使他们有认识自己、认识周围世界的能力，并能综合这些认识，根据选定的价值标准找到适合自己的发展方向。

(2)解决疑难问题，强化教育教学技能。这一时期的教师培训要侧重解决他们的疑难问题，指点迷津。帮助他们对教材教法进行分析，教给了解学生、研究学生的具体方法；教会选择、运用教学方法的技能技巧；指导他们将教育理论应用于实践，并将理论与实践有机结合起来，发挥理论指导教育改革的作用；进一步提高、强化教育教学能力，同时还要弥补知识的缺漏。

培训除了继续开设有关教师职业规范和教育教学技能训练课之外，还应设置教育心理学、心理健康等方面的课程。

3. 建立期的培训

(1)提高认识，走出误区。这一阶段的培训要在他们已有水平的基础上提出新任务、新要求，使之在种种新事物、新知识、新对象、新路径、新要求前重新产生出一种胜任感，推动他们创造性地应用他人之经验，走出认识和行为的误区。

(2)更新、拓宽知识。教师培训要进一步拓宽他们的知识面，拓宽教学视野，扩充信息储藏量，更新知识和教育观念，教给并促成他们学习探索新知识、新理论、新观点和新方法等。

(3)强化教育教学的胜任度。这时的培训要引导他们深挖教材内涵，使之成为自己的知识体系；帮助建立自我评价体系，不断改组已有的不合理的教学程序；加强教育教学实践中亟待解决的问题的研究，使他们能更好地胜任教育教学工作。

(4)提高对学生的认识水平。此时他们对学生的认识也由抽象到具体，不再视学生为一群抽象的集合体，学生不仅是施教的对象，更是主动、灵活、能够影响教师、左右教学成败的主体。研究表明，这时教师更多地关注学生在学习、社会和情感方面的要求，关注自己对学生个体产生影响的能力，想了解学生的心态，想知道随着社会的发展学生需求的变化及教师如何满足学生的需求。

教师培训要侧重开设有关儿童心理学、青年心理学之类的课程，同时可以就他们关注的学生某方面问题形成课题，组织搜集资料、阅读书籍、调查访谈，也可以举行研讨会，最后形成专题调研报告或论文。培训可增加以语言和实践相结合为主的培训方式，如课题中心式，专题研讨式，调查、考查与研究相结合，教学研相结合等。

4. 成熟期的培训

进入成熟期的教师虽然取得了较大的成绩，许多教师已晋升为高级教师，但他们若不及时参加培训，也可能不再适应教育教学工作。这是因为，当教师熟练地掌握了教学技能、取得成绩时，往往会产生骄傲情绪。大有"做一天和尚撞一天钟"的敷衍态度，不求有功，只求无过。聘书上的义务完成之后，别无其他企图心或参与感，成长和卓越完全抛于脑后，厌倦、衰退、滑坡等现象也出现了。当教师积累了足够的经验，形成自己的思维方式和教学方式后，虽然有利于教学效率的提高，但也容易产生经验思维和思维定势。长期的经验思维和思维定势，会使人产生惰性，会制约教师自身的发展。此时的教师虽然有了一定的教育理论水平，但其理论知识是不系统的，还不能站在较高层次上自觉地运用教育理论指导教育实践；虽然对本学科的知识体系已透彻了解，但是随着知识更新的加快和信息的剧增，还没有与其保持同速。另外，与前几个阶段的教师相比，他们掌握的现代化新技术也相对欠缺。

如果不及时消除上述制约他们发展的消极因素，很可能导致教师职业意识淡薄、职业道德感下降、职业能力滑坡，或者成为一名地道的"教书匠"。这一时期的教师培训要使他们从思想观念上认识到成熟后的进步更重要、更艰难，牢记"满招损，谦受益"之古训；要扩充更新他们的知识，既了解本学科的新知识、新理论、新信息和新进展，又了解教育科学知识，更新教育观念；要使他们掌握教育研究与教育实验的科学方法和现代化的教育教学技术，利用先进的理论、技术，探求改进教育教学、提高其质量的更有效的途径和方法，充分总结并升华自己的经验。在这一过程中使其自觉养成理性思考的习惯，站在理论高度分析问题，真正成为"研究型"的教师。除此之外，还要改组他们不合理的知识结构和能力结构，使其走出自己封闭式的教学模式，建立开放式的、动态式的教学模式。

[阅读链接]

随着基础教育课程改革的推进，学校教师面临越来越高的要求。针对教师的专业发展，我校采取以下发展策略。

路径一：学习研讨古今中外教育大家的思想，促进教师专业化发展

当今制约教师专业化成长的瓶颈不是经验、技巧，而是教育思想的贫乏、欠缺。如果能在教师教育中增加提升教育思想的内容，如教育家思想的讲座、研讨，必将有助于教师的成长，有助于新课程的深层推进，有助于形成一大批"教育家"。

为此，我校实施了教育思想研究策略。学习研讨古今中外教育大家的思想，真正领悟其精髓，批判地借鉴前人的成果，借以推动教师的专业化发展。首先，让教师广泛收集古今中外教育大家的思想，特别是在新课程背景下所倡导的有影响力的教育思想，如加德纳·霍华德、彼得·圣吉、杜威、陶行知、孔子、叶圣陶等。然后，明确分工，例如五年级教研组解读张伯苓的教育思想，四年级教研组研究陶行知的教育思想等。形成讨论命题后，提前一周公布。教师可通过查阅资料，网上搜集，小组合作研究等，撰写具有学术价值的发言稿（包括名家简介、教育思想及思想精髓、可借鉴的成果等），最后择优进行交流。这种研究不仅实现了名家教育思想资源的共享，而且有效地促进了教师专业化的长足发展。这与以往的课堂观摩，专家讲座，个案剖析等截然不同。

路径二：诊断式培训练就教师教学真功夫

我们开展诊断式培训的目的是激活课堂，提高教师执教能力。研究的形式是：同备一节课，共研一堂课。具体操作方法有以下两种。

1. 一个课例，多次研讨

在学年组成员共同研讨的基础上，由一位执教者多次执教同一个课例。具体流程为：理念支撑→确定课例→众人备课→集体研讨后形成教学设计→一人上课，众人听课→集体反思，修正设计→再次上课→再次反思，完善→优质、高效课堂教学展示。这种方法有助于教师从实践中理解、深化对教学理念的认识，寻求理念与实践的最佳结合点。

2. 一个课例，多人研讨

多位教师执教同一个课例。具体流程为：理念支撑→确定课例→个人备课→上课→集体反思，修正设计→再次推荐一人上课→再次反思、完善→优质、高效课堂教学展示。这种方式有助于培养教师学会向同伴学习，以达到共同进步的目的。

诊断式培训实现了"三个成长"。首先是讲课者个人的成长。经过培训，讲课者的教学设计、教学实施、教学反思、诊断能力得到大大提高。其次是学年组的整体成长。每次活动的集体反思、研讨都带动了整个教研组的教师成长，乃至整个学校教师的成长。最后是诊断式培训活动本身也在这个过程中不断成长。

■ 二、思：反思

(一)什么是反思

反思是人对自身的思想观念和行为意义自觉地再认识活动，这种活动是以目光的反向回顾为特征的思维与心理活动，这种自我认识活动总是发生在主体行为之后。

反思与静坐冥思苦想式的"内省"不同，它不是一个人的放松，独处静思，而是一种需要认真思索乃至付出极大努力的活动过程，需要个体间的通力合作。

反思与一般回想或回忆是有区别的。尽管回想或回忆的目光也是反向的，指向过去的，但与反思有着本质的区别。回想或回忆的目光指向过去的意识对象，是对象情境在头脑里的再现；而反思的目光指向主要是过去的意识行为，具有价值评判的性质。

反思与经验总结的区别与联系。反思是总结经验的重要基础，反思与经验总结都是一种指向过去经验的回溯性认识活动，是对经验性认识的再认识。经验总结者既可以是实践者本人，也可以是别人，常见的是实践者与研究者互助合作进行总结。如果实践者本人就是经验总结者或参与经验总结，那么他首先必须对自己的实践过程以及在实践过程中形成的认识或经验进行理性的再思考、再认识，即进行认真的反思。反思是实践者的主体性行为，反思者只能是实践主体自身。只有实践者本人才能了解和把握自己在经历实践过程中的全部体验和意识活动，别人是无法替代的。

通过调查发现，许多教师对"教学反思"的理解缺乏全面和深刻性。普遍把"教学反思"仅仅理解为对教学过程以及教学效果的一种回顾和思考。大部分教师的反思只限于讲完课之后，更多的是对自己教学效果评价一种情绪上的体验。而缺乏课前教学设计和教学过程的反思，缺乏对影响教学的自我因素的反思。

(二)教师教学反思的内容

教师的反思应从单纯针对课堂教学过程的反思转向多层次、多侧面的反思，更加关注学生的反应和变化，对教育教学现象背后的原因进行深层的思考和分析。

1. 对教学设计的反思

教学设计是课堂教学的前提，是在课堂教学之前，为了达到一定的教学目标，对教学内容、教学方法所做的设计。也就是明确所教课程的内容、学生的兴趣和需要、学生的发展水平、教学目标、教学任务以及教学方法与手段，并预测教学中可能出现的问题与可能的教学效果。教学设计如果不够细致全面，就会影响整个教学的效果。

2. 对教学过程的反思

当前教师对教学过程的反思仅仅停留在课堂教学上。实际上对教学过程的反思涉及课堂教学环节的方方面面。比如教学目标的制定是否合理，教学计划的实施是否顺利，教师在教学中的各种言语以及非言语活动是否恰当有效，学生的学习态度是否积极主动，对学生的评价与反馈是否及时有效等。

3. 对教学效果的反思

对教学效果的反思主要是通过各种渠道获得尽可能多的信息，如通过教后记、学生作业、与其他教师的互相交流等，回顾课堂教学，从而发现自己在教学中存在的缺点和问题。

4. 对教学观念的反思

对教学观念的反思主要是对教师在教学实践中所应具备的教育信念及教学态度、价值观、人生观等进行的反思活动。教育教学观念是教师在教育教学中形成的对相关教育教学现象，特别是对自己的教学能力和所教学生的主体性认识，包括教师对教学的态度、对教学成败的归因、自我知觉和教学效能感等，它直接影响教师的知觉、判断，进而影响着教师的行为。因此，对教育教学观念的反思是改善教师教学行为的重要前提。

■ 三、行：行动

(一)什么是行动研究

行动研究(action research)是由社会情境的参与者，为提高对所从事的社会或教育实践的理性认识，为加深对实践活动及其依赖的背景的理解而进行的反思研究。从定义我们可以看出，由实践者开展的行动研究包括了实践者对实践的变革和对实践情境理解两方面，它为实践者确立了一个把理论与实践、实践者与研究者内在联系起来的理想模式。教育行动研究实质上就是广大教师在实践中通过行动研究的结合，创造性地运用教育理论研究和解决不断变化的教育实践情境中的具体问题，从而不断提高专业实践水平的一种研究类型和活动。

近年来，在讨论教育理论与实践的关系中，人们的视点逐渐转向了联结教育理论与实践的中介研究。因为教育理论与实践关系的历史发展过程昭示：教育理论不能直接转化为教育实践，实践者只有结合自己的直接经验和现实情况，在实践中对理论做出思考、选择和检验，不断发展和创造指导自己实践的个人理解和行动理论，教育理论才能具有真正的现实力量。这就是说，要克服教育理论与实践的脱节现象，既要加强理论和实践中介建设，又要构建实践者联结理论的实践性中介，即开展以教师为主体的行动研究。

行动研究有以下四个特征：情境性——它关注的是在具体情境中诊断问题，并试图在该情境中解决这个问题；合作性——研究者与实践者团体在某个计划中协同工作；参与性——团体成员本身直接或间接参与到实践研究的行列中；自我反思性——对研究不断进行反思，其最终目的是以此种或彼种途径改进实践。

(二)行动研究的过程

教育行动研究的过程呈螺旋循环状，行动研究由许多圆圈所形成的反省性螺旋组成，每一个圆圈都包含计划、事实资料探索或侦察以及行动，每一个圆圈导致下一个圆圈的运行，从而构成一个连续不断的历程。之所以呈螺旋循环状，是因为根据一定的思想、计划和方案从事变革客观现实的实践一次又一次地向前，人们对客观现实的认识也就一次又一次地深化，客观现实世界的变化运动永远没有完结，从而研究的过程本身就是生活的延续、事件的发展、个体成长的过程。这个历程大致包括以下几个步骤：界定问题、情境分析、行动假设、发展行动计划、实施行动计划、评价行动计划、反思行动、记录与传播结果、通过反思修正问题实施下一个循环。几乎所有的行动研究模式都呈螺旋循环状，但没有任何一种研究模式是最佳的教育知识生产途径。因此，从经验中寻求适当的模式，在模式中寻求突破与创新才能促进从事行动研究的教师的专业成长。

我国许多专家学者身体力行把行动研究运用到实际教育活动中。在台湾，陈惠邦博士与小学低年级教师以协同行动研究的方式，针对"国小低年级学童提早写作"问题进行行动研究，他们的研究是在教师经验、信念与"现行国民小学国语科课程标准中低年级学生并无作文教学"这一规定相冲突，经过教师不断地讨论、反思，并在设计实施各种行动方案的基础上完成的，最后写成《行行重行行》一书。该书的成文风格突破了传统的研究报告的写作方式，把文学作品与教育科研报告相结合，读后给人耳目一新的感觉。此外，还有台湾郑博真在批判反思中小学课程一直存在"学科本位，分科琐碎，衔接性不足，与生活脱节，学生负担繁重"等问题的基础上，对某小学三年级资优班实施统整课程的行动研究。在国内，陈桂生、黄向阳等主持的课题尝试运用行动研究，提出到中小学去做研究；袁桂林采用行动研究的方法，用"两难故事"对中学生进行道德教育。他们的研究模式是合作型的，研究的内容旨趣在于儿童、青少年的道德发展。同时还有许多教师，尤其是优秀教师，他们从教学实际问题出发对自己的教学问题进行研究，而且有的教师从教学方法着手做了大量的改进工作，确立了自己的教学模式。虽然这些改进工作与行动研究的目的相一致，但这种日常教学的改进工作不能严格等同于行动研究，因为行动研究作为一个研究类型有自己独有的特征和过程，不同于日常教学和实验研究。

日常教学是教师在具体的教学情境中完成教学任务，而行动研究的目标是提高行动质量，改进实际工作，解决教育实践中产生的问题，提高教师的教育教学质量和研究水平。而且行动研究作为产生新知识的一种途径，也标志其科学性和研究性。

行动研究作为一种研究类型，实验研究作为一种具体的研究方法，二者不在同一层面上，不具有可比性。但二者有相似之处，它们都有变革性，都在于改进教学实践。程江平先生对二者的不同作一比较：目标的不同、过程的不同、对象的不同。

[案例]

研究背景：英语专业本科一年级英语泛读课程，执教者为一名实习教师。

项目时间：2004 年 3 月至 2004 年 11 月

发现问题：学生抱怨他们的英语词汇量有限，影响阅读理解和阅读速度。

提出假设：

(1)教材中生词太多，词组和句子结构对于学生来说太难。

(2)学生缺乏词汇学习的策略，例如结合上下文猜词义或运用构词法知识帮助猜词。

(3)学生对泛读课的认识不正确，认为泛读课应该与精读课一样重视讲解和记忆单词。

初步调查：

教师采访了一些同学，并请学生记泛读学习日志，了解学生对泛读课程和词汇学习的真实感受。

调查结果：

(1)大部分学生认为泛读教材从内容到难度都比较合适。

(2)学生表示他们开始对泛读课有不清楚的理解，但是经过几个星期的学习，他们知道泛读课中词汇的学习主要靠多读和自学。但是有不少同学都反映不知道如何自学才比较有效。

(3)从学生日志中发现很多学生也尝试采用不同的词汇学习策略，但都觉得效果不明显，对词汇策略的运用还没有明确的意识，没有找到规律。

重新认识问题：

学生的英语词汇学习的策略缺乏，影响词汇学习的效果和阅读理解。

教师反思：

我提出了三个假设中有两个都被否定了，我从这次调查中学到了很多东西，很多我"想当然"的原因并不是真正的原因。通过调查，我找到了问题的根源，对学生的采访和学生日志都表明，学生对词汇学习策略不了解，尽管有些学生不自觉地运用了一些策略，但是效率不高。还没有策略运用的意识，还没有形成能力。我应该帮助学生发展词汇学习的策略，提高学习的效率。

行动方案设计：

(1)课堂上利用专门时间向学生展示多种词汇学习的方法和策略。

①设计和使用根据上下文猜测词汇意思的练习。

②设计和使用根据构词法猜词、造句练习。

③运用同义词和语义关联扩大学生词汇量和对词汇的理解。

(2)对学生进行每周词汇小测试。

(3)扩大阅读量，推荐阅读书目，增加词汇的循环。

(4)引导学生自主计划和学习词汇，如建立词汇本，经常复习。

实施计划：（基于行动方案设计的具体而有详尽的实施）

数据收集方式：问卷调查、采访、学生日志、两个词汇测验。

结果分析：

问卷调查、采访、学生日志都表明，学生对泛读课满意程度达到90％。对词汇学习的有效程度和对阅读理解能力的提高的评价分别达到了85％和90％。81％的学生认为词汇测验在一定程度上促进了他们的词汇学习。两次水平相当的词汇测试结果也表明，学生在词汇学习上取得了可喜的进步。

教师反思：

行动研究对我的教育很大，对我今后的发展具有非常重要的意义。它不仅促进了我的思考，促进了学生的学习方式的改变，提高了学生学习英语词汇的能力，对于我在理解教学中教师角色的问题产生了很大的影响，我的教学能力也得到了很大的提高，为我未来的教师职业发展奠定了良好的基础。

案例分析：

研究的课题是教师在教学中发现的，来自学生对教学某个方面的不满。教师利用采访和学生日志的方式进行了调查，确认问题出在词汇学习的策略上。教师设计行动方案围绕词汇策略的培养进行教学，指导学生发展自主学习词汇策略，教师对自己的解决方案进行了比较充分的论证。该教师没有设计实施工作计划，所以我们不很清楚具体计划的实施过程。报告对于实施过程的描述不够具体，数据分析中对于采访和日志的分析都还不够具体，例证不充分，研究的最后没有提出新问题。

■ 四、观：观察

课堂观察有利于教师自身和同事们的共同反省，使教师在课堂上能够自觉地敏锐地意识到自己的教学行为，课堂秩序以及教师与学生之间的互动等。但为什么不经过课堂观察，教师往往在课堂上意识不到自己的行为呢？

调查人员发现，在学生不会回答问题的情况下，不同教师对学生鼓励程度有着很大的差异：有的教师把问题重复一遍，有的换一种方式提问，有的教师会提问与此问题相关的一个问题或问题中的一部分。对学生不会回答问题表现的程度也不尽相同，有的老师直接给答案，有的叫别的同学回答。与教师的访谈显示，他们基本上意识不到他们平时对学生表示绝望或给予鼓励的不同表现行为，就更不用说他们对个别学生所表现的行为了。这一调查说明教师繁忙地管理课堂，以至于课堂生活的各个方面很难意识到。

正是教师"只缘身在此山中"很少意识到课堂上的行为和发生的事情，从而引起了许多课堂问题：课堂上教师唱主角，学生被动地听讲；很少激发学生学习兴趣；没有想办法从情感上勾起学生学习的欲望；课堂结构很少变动；总是按学生成绩排座位；让学生死记硬背，不注意理解教学；学生和老师互动机会不均等；教师总倾向于把机会给予他自己喜欢的学生等。教师意识不到以上诸种问题，从而会降低其课堂教学效率，阻碍教师自身的专业成长。教师为什么会意识不到呢？除教师自身很少能仔细地反省课堂教学外，主要原因有以下几方面：

(1)课堂上发生的事情太多太快。课堂是一个复杂的环境，它具有多层性、同时性、即时性、不可预测性等特点。在复杂的课堂教学中发生的事情很多，教师能意识到课堂上发生的一切，并能很好地监控自己和学生的意图和行为，他们就能扮好决策者的角色。但很多老师不能敏锐地意识到所发生的事情，监控自己和学生的行为，并果断地做出决定，而往往被课堂上所发生的事情左右，不能很好地达到既定的教学目标。

(2)师范教育的课程没有教给教师确定和分析课堂行为的具体技巧或技艺。师范学校的教育学课程只给在校学生和在职进修的教师提供概括性忠告：要全面教育孩子，因材施教等，但不将其与具体行为相联系。有的教师简单地认为只要提问就是启发式教学，若教师对学生的提问只是简单的知识再现，则很少促进学生认识思维的发展。但究竟怎样进行提问或进行启发教学，教师在师范教育的教育学课本上不能掌握其具体策略，这要求我们改进师范教育的教学方式。

(3)尚无现成的体系可提供教师该怎样做的材料和信息。教师如何准备教学，怎样应付防止课堂上出现的各种问题，怎样帮助学生构成有用的知识，教师怎样激发学生的动机等，这些问题都是教师在日常教学工作中经常遇到的问题，若教师得不到相应的材料和信息，若教师对这些问题长时间得不到解决，教师便会自动放弃解决，甚至造成对此类问题的熟视无睹，不进行任何反思和改进。

教师要真正地意识到自己在课堂上的行为和表现，必须进行课堂观察，得到关于课堂上的反馈信息，在观察中发现自己和学校其他教师教学中的具体问题，大家互相讨论，商量改进教学行动的策略，且付诸行动。课堂观察、反省、计划、行动这一系列活动螺旋式、持之以恒地进行才能更有效地促进教师的专业成长与发展；有助于提高教师的自我效能感，提高教师教学监控能力；有助于教师注意自己日常教学的教学行为并对自己的教学观念进行反思。从而我们可以看到课堂观察是校本师资培训中提高教师课堂教学质量的一个行之有效的办法。

　　由于以上各种原因教师不能科学地反思课堂教学，意识不到课堂上发生的事情，这样就会阻碍教师的成长和发展，不能从根本上实现校本师资培训的目标，影响学校教育教学的提升和发展。但课堂观察作为校本师资培训的一条有效的途径，能弥补以上各种不足，使教师能意识到课堂上所发生的事情，并对其加以反思，确认自己教学中所存在的问题，而且针对这些问题的解决，教师要翻阅大量的文献资料，或者同其他老师共同商量解决问题的策略，然后把策略付诸行动，以期解决教学中的问题。课堂观察、反省、计划、行动这一系列活动螺旋式持之以恒地进行形成了教师自己动手做研究的过程，即教师做行动研究的过程。在这个过程中教师即是一名教书者同时还是以改进教学实务为目的的研究者。随着以课堂观察为起点的教育行动研究的实施，能更有效地促进学校教学的改革和发展，促进教师的专业成长和教育质量的提升。

　　课堂观察的确有其独特的优势，这些优势在与校本师资培训中的其他途径作以比较时显得更为突出。

　　(1)听课。课堂观察不同于我们日常教学中的听课。日常教学的听课是经验性的，而课堂观察是理性的、科学的，它不仅有一定的理论做指导，实践中且要按严格的操作程序去做。课堂观察不仅具有一般观察的一切特点，要求教师有明确的观察目的和恰当的观察方法，而且还要求教师——观察者掌握一定的"概念和观察工具"。概念系统能使教师对自己正在做的事情进行分类，使他们能意识到自己做的事情，又能在事后回忆起自己所做的事情。观察时若用轶事记录法，必须按以下具体操作程序去观察：

· 事件一发生就将其记下。

· 界定关键人物基本行为及所说的话。

· 包括一段确认环境,时间及基本活动的陈述。

· 在描述中心人物的行动和语言时,应要包括在场的其他人之反应。

· 尽可能记下原话,以保留谈话的准确特征。

· 保持事件发生的前后次序。

· 更客观、准确和全面性(即切勿解释)。

(2)教学评估。课堂观察也不同于学校领导的教学评估。领导到教室听课意在对教师的课堂教学进行考察、评估。这种外在的教学评价不能帮助教师提高对自己行为的意识或提高教学质量。更何况有的领导不代课,不熟悉课程内容,他们不能给教师提供有价值的教学信息和改进教学的建议。从而许多教师对领导的教学评估持不信任的态度,以怀疑和敌视的心理看待领导评估的信息和反馈意见。但运用课堂观察,教师通过对自己课堂录像、课堂记录的分析得到更多的、更详细的关于自己和学生课堂表现的回馈。教师在这些回馈信息中主动地对自己的教学进行内在的自觉的评价,发现自己教学中存在的问题,激起他专业发展的兴趣。

(3)观摩学习。听观摩课(示范课)是组织教师去听、去观察、去学习优秀教师怎样组织上好一节课。这种课有很强的表演性,很多老师为了做好一节观摩课,要在课前反复演练好几次,把课堂上的一切安置得井井有条,使课堂上不会出现任何差错。这种课不能展现真实的教学情境,观摩者虽对授课教师的表演拍手称赞但不能从中学到解决自己课堂问题的策略。课堂观察使教师在自身的教学情境中发现问题,而且能弄清这些问题的来龙去脉,找到解决问题的根源所在,在诸多的行动方案中选择出最切合实际的行动策略。

(4)教研活动。教研活动每周举行一次,每次的教研活动都有一个主题。当然这个主题并非是教师亟待解决的问题。教研活动激不起教师内在的参与动机,常有应付之态。

　　课堂观察使教师发现自己的问题，并且问题的解决又能增加教师的信心，教师教学自我效能感的提升可以使教师产生内在的参与动机。

　　在以上的比较中，可以看到课堂观察的本质特点：

　　①情境性。课堂观察是对教师的实际课堂教学情形的记录，使教师在真实的教学情境中发现属于自己的问题。在情境中寻找富有独特个性的策略解决问题。

　　②科学性。课堂观察要求教师在观察前掌握有关的本体知识、条件知识和实践知识。这些知识形成科学的"概念和观察工具"，有了这些工具，教师才能自如地运用貌似课堂情形的语言，能很好地描述和解释其他课堂上的行为，能对所观察到的行为和事件进行准确的分类，还能使教师更清晰地意识到教室里发生了什么，使教师更准确地界定所发生的问题。课堂观察之所以具有科学性，还在于它非常讲究研究方法的运用。

　　③反思性。之所以要进行课堂观察，其中很重要的原因就是上面所提到的：为了使教师全面准确地意识到课堂上发生了什么，清楚自己在课堂上的表现怎样。教师反思整个教学过程使教师的教学过程理性化，避免盲目性。这要求教师在日常教学过程中做到理论与具体实践相结合。而且这一反思性使教师既是一名教书者又是研究者和学习者，也只有反思才能促进老师从一名普通的教师成为一名专家型教师。

　　④发展性。课堂观察不是一次就完成了的，它是一个连续不断的发展过程。在这个过程中，教师不断地进行观察、反省，不断地解决问题，从而促进教师的发展和成长。

　　⑤合作性。课堂观察不是一个老师独立完成的，他需要几个教师共同协作。在一起工作的老师也常以不同的方式看待或者解释课堂行为，这种不同可导致有益的对话、认识和思考。而且其他老师的想法和观点可以作为触媒，激发解决问题的策略。这种合作性使教师科研群体共同成长与发展，而不是一个人的事。

  课堂观察作为校本师资培训的一个行之有效的途径，有其独特的优势，这是其他途径无法替代的。但这不是说其他方法不可取。校本师资培训的途径包括以上诸种，每一种方法都有其存在的价值和意义。课堂观察也有缺陷，它是站在教师的立场上进行观察和分析，但学生却以与老师或观察者不同的方式看待问题。如果不了解学生如何看待自己课堂经验，那么就不能充分解释被观察的课堂。就此我们可以明白，教师尤其是其他教师观察课堂上学生听课的行为，并不能很好地显示学生自我报告的内容。针对这种缺陷，在观察中应极力避免。同时课堂观察要求观察者必须客观地看待描述和分析所发生的事情，即观察与分析时应避免以下问题：①个人偏见。教师在观察时必须认识到自己的偏见并加以检查。有的观察者认为上课教师与学生关系融洽，学生能自由发言，但有的观察者则认为课堂规则混乱，课堂秩序不好。由于个人偏见，会造成观察结果的不同。②教师的焦虑。那些局促不安，具有较差教学效能感的老师尤其不可能寻求关于他们自己的信息，并且当他们收到这种信息时，他们也倾向于曲解这种有威胁的信息。局促不安的教师往往把教学困难视为是反射因素，而非他们自己的能力的缺乏。

  如何避免以上问题的发生？教师为了使观察结果客观化，克服个人偏见，就必须从两方面做：一、把自己的观察记录和别人的记录相比较。这种方法最容易确定你是否在观察所发生的事情，也最容易确定你的个人偏见是否干预了你的观察。而且这种方法可以使你观察更加全面，扩展你的思维宽度，使自己看问题更加全面。二、深入了解学生，对其进行个案研究。在教学中你对某些学生感到困惑，就必须深入了解他们，对他们进行持续的观察和访谈。长时间的观察使你了解更多关于他们的信息，访谈使你了解他们的内心世界。这样对学生的认识不再表面化和肤浅化，对学生的优点、特点、家庭背景、性格爱好等方面的了解便会立体化、深刻化、全面化。个案研究可以使你公正在看待学生并学会用适合他们的方式对待他们，而不是凭自己的主观臆断和偏见来对待学生。

　　克服教师的焦虑，并不像克服个人偏见那样简单。课堂上很多教师提问很多但击不中要点，而且要求学生回答问题的答案和自己的答案一致，否则不说学生对。面对这种情况在对教师访谈时，我们问他为什么这样做？他回答：我们这里的学生不成（行），不这样不行。真是这样吗？教师面对这样的问题，他存在自身的焦虑，对教学束手无策，不知该怎样做，把责任推托到学生身上，还有一点焦虑他觉得自己已经做得很不错了，已经在改变注入式的教学，但他没有看到自己都在运用满堂问，使学生不知所云，对课文理解支离破碎。他自己束手无策的焦虑和良好的自我概念遭到否定的焦虑，使他自己不知如何是好。许许多多的老师都有这样的焦虑，但面对这样的焦虑，教师不是自我原谅自我解脱，而是需要面对存在的问题深入地进行反省，与其他教师互相切磋和讨论，寻求更好的教育行动策略。这样才能克服焦虑，形成与良好的自我概念相一致的行为。

　　面对发生事情多且快的课堂教学，怎样进行课堂观察，有什么具体方法？有以下几种方法供参考：个案研究叙述法、频率统计法、教室观察量表法、问卷法、访谈法、人种志法，其中个案研究叙述法中包括：轶事记录法、流水账记录法；频率统计法中包括时间取样法、事件取样法。

　　流水账的记录法，可以让别人阅读这段描写后，想象事件发生的本来面目，可以提供关于某个学生的某个简短说明性的事件，也可以帮助教师找出问题的来源或者行为模式。流水账记录法的要点如下：

　　·观察者开始描述时即如实地描述当时的场面。

　　·集中地观察被观察对象的行为，以及当时环境中影响他行为的因素。

　　·关于被观察对象所说、所做事物及时做出的反应，要尽可能地准确和全面地记录。

　　·将所有可解释的材料用"括号"括起来，以使描述材料清晰可辨。

　　·不管被观察对象做什么，都为其加上"如何去做"的方法。

　　·与被观察对象互动的人所做的一切事情都应注明"如何去做"的方法。

· 以正常顺序记录所有事件的所有的主要步骤。

· 以肯定明确的方式描述行为，而不要使用"没有做什么"等字眼。

· 在可能情形下使用观察工具（录音机、照相机和录像机）。

时间取样法指在不同时间但固定时间数来数次观察某些行为。它适用于频繁出现的行为，平均每 15 分钟至少记录一次，运用这种方法要注意以下几点：

· 确认规律性出现的行为并对其下定义解释，以使其他人同意将集中观察什么。

· 决定观察的时间有多长，及这一时期里需要多少次观察。

事件取样法是观察者等待所选定的行为发生并做记录，运用这种方法要注意以下几点：

· 确认你要研究的那种行为。

· 确定你想记录哪种信息。

· 决定你将观察多少次及每次观察多长时间。

这里只对个案研究叙述法和频率统计法做了详细介绍，但经过这些简单介绍我们可以了解到每一种方法的优点及其不足。个案研究叙述法提供关于一个学生行为的丰富资料，能对单一问题进行深入研究，但它在描述时容易受到观察者偏见的影响，结论不能推到学生身上。频率统计法适用于单一学生或若干小组，可以看到每单位时间行为的实际数量，可做学生或班级之比较，让老师得到关于某个问题的最新信息，无须接受广泛的训练，但其缺点在于所记录的实际行为未必能解释问题的所有方面，除此行为外，教师不知在观察时间内学生在做什么。教师观察量表法，能得到每单位时间的行为的实际数量，可做学生或班组间的比较，但它比别的方法要求更多的观察培训，而且教师不易明白观察时间内学生在做什么。问卷法使老师在较短的时间内就不同的题目获得信息，但问卷的设计，问题的架构要根据实际情况，且有理论根据，这对教师要求很高，而且问卷法所得答案不能真正代表学生在实际情形中的所作所为。访谈法比其他方法都能更多地获得关于学生的信息，它有很大的伸缩性，能更深入地探究一个学生的回答真实与否。这种方法得到学生的信息多，但很难做出学生之间的比较，学生易受其偏见的影响，而且这种方法比其他方法更花费时间。人种志方法与其他方法相比，它能提供更多的关于课堂社会环境的信息。它主要描述指导社会环境中相互作用的标准，从而收集的信息不适于回答具体的问题，它关注的是全班而不是个别学生的特定行为，因此很难做出学生间或班级间的比较，而且对于观察结果的分析容易受到观察者个人偏见的影响。

教师在进行课堂观察时针对自己的观察目的选择观察方法。为了确保观察的效度、信度，可以几个教师同时观察，然后将自己的观察记录与别人的记录相比较，这种方法最容易确定你是否在观察你所要观察的事情，也最容易确定你是否让你的个人偏见影响了你的观察。这样可以保证观测记录的可靠性，寻找到教学问题的根本所在，以至于能真正找到解决问题的对策，促进教学的改进。

■ 五、研：研究

教师需要不间断的学习与思考，并经常性地反思自己的教学行为，在教学中研究，在研究中教学，运用科学的方法解决教学中所面临的问题而展开研究，从而探索教学过程的本质与规律。苏霍姆林斯基曾说："如果你想让教师的劳动能够给教师带来一些乐趣，使天天上课不至于变成一种单调乏味的义务，那你就应当引导每一位教师走上从事研究的这条幸福的道路上来。"教师不再是单纯的"教育者"，而是教学过程中的"研究者"。提高教师的研究意识与研究能力是学校促进教师专业化发展的必由之路，是推动教师专业化发展的动力。进行教学研究可以帮助教师重新组织零散的教学经验，构成系统的经验框架，进而形成全新的教学理念，用来指导自身的教学实践。同时，教室是每一位教师的天然实验室，教学的过程便是研究的过程，教学实践为研究提供有利的条件，教师在教学中不断研究自身教学行为，不断反思教学活动，从而改进教育实践活动，逐步提高教学技能与研究能力，并逐渐将教学活动转变为有意识的教育研究过程，使得教师在教学实践过程中不断的成长。教师在研究中不断重构自己的教学经验与价值观念，并将一些新的教学理念应用于教学实践中，"教研相长"、"理论"与"实践"的结合能够促进教师的专业化发展。

基于教师自主专业发展，教师研究除了上面谈到的行动研究之外还有叙事研究和案例研究。

(一)叙事研究

叙事研究将鲜活的教育案例回归到教学实践中，使得教育理论与教育实践结合起来，是教师专业化发展的重要途径。叙事研究有利于促进教师自身的发展。教师的教学活动几乎都是与学生一起度过的，教师忙于教学活动、完成教学任务，而无法认识到真实的自己，通过叙事研究，教师可以站在另外一个角度客观的、全面的分析自己。长期的叙事研究可以提高教师准确地、客观地自我评价的能力。同时，叙事研究促进教师教学质量的提高。教师通过自我叙述对自身的教学实践有了清醒的认识，并对其反思，再通过反思来改进自身的教学行为。在此过程中，教师的研究能力得到了提升，个人的能力得到发展，教师教学质量得以提高，教师的专业化得到发展。

教育叙事研究就是对教育问题采用叙事的方法进行研究的过程，研究的结果具有一定的研究价值。教育叙事研究包含以下程序：①选择研究问题：有价值的研究问题是研究的总框架，教师可以从较小的教育现象中反映深层次的意义，也可以对教育中的特殊现象做出相关的研究；②选择研究对象：为了更好地完成研究，在选择研究对象时往往要本着便利与有效的基本原则，同时研究者要与被研究者建立信任的合作伙伴关系，被研究者认同与理解将要进行的研究活动，研究者与被研究者都有十足的热情参与其中。③进入研究现场即实施过程：研究现场分为两类：第一类是研究者与被研究者在同一现场，实施过程中要做好现场记录，如：记录时间、地点、采用的方式以及每一个方式的主要收获有哪些，完整的现场记录便于后期资料的分类与归类。第二类是研究者与被研究者不在同一现场。在资料的收集过程中要采用多种方法，如：访谈法、观察法、现场笔记、口述历史等方法；同时也要收集日记，相关的图片、书信等。④整理分析资料并撰写研究报告：陈向明在《教师如何作质的研究》一书中提起"资料有它自己的生命，只有当我们与它待在一起达到一定的时间，与它有足够的互动以后，它才会相信我们，才会向我们展示自己的真实面貌"。① 只有当我们对收集的资料进行整合与归类，并从资料中找出系统的脉络，才能根据资料发现研究问题中蕴含的意义，并将其撰写为具有总结性的研究报告。

以《山村小学青年教师需要的叙事研究》中的案例为例加以说明。②

一、选择研究问题

改革开放以来，我国农村教育有了迅速的发展，同时也带来了农村教师队伍的巨大变化，目前已形成了一支数量可观、质量较高的教师队伍。他们扎根农村，辛勤耕耘，培养了上百万适应我国农村经济建设和社会发展的各类初级人才。但是，由于受多种不利因素的干扰，我国农村师资队伍建设的潜在问题日趋明显。其中，最凸显的是山村小学青年教师，囿于条件，他们成了"弱势群体"。他们的需要得不到满足，于是心理失衡，工作积极性受挫，这直接影响了山区学校的教学质量。

那么，山村小学教师在想什么？有什么心理需要？影响山村小学青年教师需要的相关因素有哪些？如何满足他们的需要？这些都是亟待教育管理人员和教育研究人员关注和探讨的重要课题。基于以上的认识，研究山村小学青年教师的需要具有重要的实践意义。同时，研究山村小学青年教师的需要具有重要的理论意义。一方面，山村小学青年教师作为"弱势群体"，教育理论研究者很少论及；另一方面，对山村小学青年教师的需要进行叙事研究，可以弥补以往

---

① 陈向明. 教师如何作质的研究. 北京：教育科学出版社，2001.

② 肖正德、李长吉. 山村小学青年教师需要的叙事研究. 教育理论与实践，2003(7).

教师需要研究的不足，从而为相关研究提供方法论借鉴。

二、选择研究对象

为了能较好地完成这项研究，本着便利和有效的原则，我们选择目的性抽样的方法，即按照研究的目的抽取能够为研究问题提供最大信息量的研究对象。权衡再三，最终确立了永嘉县北山乡北岙小学的李老师作为研究对象，李老师也很爽快地接受了我们的合作要求。我们认为李老师这个个案具有典型个案抽样的特点，可以为研究问题提供非常密集、丰富的信息。李老师，男，28岁，未婚，汉族，中师学历，在当地小学已任教10个年头。目前承担四五年级复式班语文和常识以及全校的音乐课，每周课时18节，并担任四五年级复式班的班主任。李老师虽然出生在北岙村，但在他上小学那年，他父母就下山到永嘉县经济最发达的乡镇——瓯北镇打工，他作为民工的子弟择校在瓯北镇中心小学就读，从此全家连过年也没有回过老家，所以从那年起，在故乡也就没有家了。目前李老师作为"半走教"老师，周末要下山到父母那里过。1993年下半年，李老师中师毕业后，带着几许无奈、几许惆怅来到这儿。经过阵痛后，他自我调整，自我安慰——"既来之，则安之"。之后，他曾想在这贫瘠的山沟沟里干一番事业，他奋斗过、追求过，但是囿于条件，难以实现他的理想。而后受城乡教师利益比较所驱动，他迫切要求调到城镇里教书。然而，调工作"难于上青天"。他在山沟沟里，需要得不到满足，于是心理失衡，事业心渐渐泯灭。选取从教于浙南地区典型的贫困山村小学的李老师作为研究对象，能够较为典型地展现浙南地区山村小学青年教师的需要现状。

三、进入现场及其研究的实施过程

限于篇幅，这里以表格的形式列出进入现场及其研究的实施过程，见表1。

表1 与研究对象的接触过程

接触时间	接触地点	接触方式	主要收获
2002.6.26	李老师办公室	正式访谈、观察	初步了解，收获甚微，对李老师和他的学校形成感性认识
2002.8.18	李老师家里	非正式访谈（2次）	从李老师父母那里了解到许多有关李老师学习、工作、生活情况
2002.9.2～9.5	李老师的生活、工作场所	共同生活中观察，正式访谈、随堂听课	对李老师的故事有了梗概
2002.10.17～10.20	李老师的生活、工作场所	共同生活中观察，正式访谈（2次）、收集实物	征得李老师的同意，得到一些实物，如日记、书信
2002.11.15	工作场所及回到城里的路上	非正式访谈、无结构谈话	无话不聊，聆听了李老师更多的倾诉

四、整理分析收集资料并撰写研究报告

根据叙事研究的相关理论指导，我们在收集资料时，综合运用了结构性访谈、非正式交谈、现场笔记、实物收集、口述历史五种方法。

在研究过程中，面临收集到的大量原始资料，我们综合运用了类属分析和情境分析的方法。在类属分析时借鉴马斯洛的需要层次论，把山村小学青年教师的需要也分成五个层次。然后把相关资料归入相应的层次里。与此同时，结合情境分析——山村小学青年教师每个层次需要下面，穿插一些访谈片段、观察事件、日记书信、采访札记等，让这些故事性、情境性的描述对该层次需要加以展示和说明。

本研究主要采用质化研究的重要分支——叙事研究方法，通过访谈、无主题交谈、个人故事、口述历史、现场笔记、采访札记、书信日记等具体形式，对山村小学青年教师展开个案研究。通过研究，笔者认为主要发现如下：

（1）山村小学青年教师工资、福利待遇低，生理需要的满足程度非常低；在安全需要方面，工作相对稳定，但人身安全时有受到威胁；归属与爱的需要方面，同事关系融洽，但爱的需要满足程度低；对于自尊、自我实现的需要十分强烈，但囿于条件所限，自尊心受到伤害，自我价值得不到实现，导致自信心、责任感、事业心慢性泯灭。

（2）山村小学青年教师的需要满足程度低，这在很大程度上影响了他们积极性的发挥，致使在工作中出现"懒教"、"厌教"等现象，他们要求调动或改行的需求十分迫切，这直接影响了山村小学的教学质量。

（3）影响山村小学青年教师需要满足程度的因素是多方面的。"城乡二元"的社会结构，乡村的封闭、贫穷和落后是其历史根源；都市化浪潮的推动，市场经济的冲击，人们价值观念的改变，是其社会根源；政府与教育行政部门对山区教育的忽视，教育体制的弊端，是其政策原因。

（二）案例研究

案例研究实质上是发现问题、解决问题的过程，对教师的专业发展有起着重要的作用。其一，案例研究增强教师捕捉教育问题与教育现象的能力。随着教师的研究能力的不断增强，教师逐渐可以从复杂的教育教学活动中准确地捕捉到教育教学活动中值得研究的研究问题与教育现象，在分析与思考的过程中，不断总结教育活动的本质。其二，案例研究为教师提供多角度观察教育事件的机会。案例研究作为一种研究教育教学活动的工具，教师在探究案例的过程中使得教师能够从多个角度、不同的视角重新审视教育事件以及教育问题，为教师的专业化成长提供了锻炼的机会。其三，案例研究有利于促进教师反思教学活动。由于案例研究的研究过程面对着真实的情境，教师将教学活动转变为案例，教师在反思案例中学习、挖掘教育事件背后蕴含的意义，提高教师的研究能力与教学水平。

一个较为完整的案例研究一般包括以下几个方面：①确定研究问题：要确

定较为明确的研究问题，该问题应来源于真实的教育教学实践；②搜集相关资料：收集与研究问题相近的资料，收集到的资料要真实可信，要将搜集到的资料进行整理与加工，有助于研究的展开；③探究与分析方案：在收集好资料之后，确定要采用的方法与策略，该步骤是最为关键的一步；④对案例结果进行总结与反思：最后要撰写研究报告，对研究结果进行深刻的反思，挖掘教育事件背后所包含的内容，并在此基础上提出意见与建议，增加研究的实践价值。

■ 六、合：合作

教师合作对于教师的专业发展起着极其重要的作用，具体表现如下：其一，有效合作促进教师之间相互学习、沟通。教师的教学过程好比学生的学习过程，或多或少会遇到困难与疑惑，教师以解决教学过程中面临的问题为目的，教师通过合作来共同解决，彼此借鉴经验与教训，分享教学资源与教学智慧，提高教师的教育教学能力。其二，教师合作可以提高教师专业教学能力。开展合作学习的活动，增多教师与教师之间的沟通与交流，逐步提高教师教学的能力与技巧。其三，合作和独立思考相结合促进教师专业发展。比利时学者莱门特和瓦登伯格曾说过："把教师合作看成是解决所有问题的唯一的灵丹妙药是错误的，我们只有在教师自力和合作之间维持一种适当的张力，才能给教师的专业发展带来挑战和机会。"

教师合作的组织模式包括教师专业共同体、同伴指导等形式。

（一）教师专业发展共同体

"教师专业发展共同体"、"教师合作共同体"、"教学共同体"、"研究共同体"、"学习共同体"等都是当下研究共同体时常用的术语。它主要是以学校为基地，以教育实践为载体，以共同学习、研讨为形式，在团体情境中通过相互沟通与交流最终实现整体成长的提高性组织。^① 教师专业发展共同体是当前教师专业化发展重要途径与方式之一，在有组织的集体中相互学习、相互研究、共同反思促进每位教师的专业发展。

我国学者林润之认为教师专业发展共同体就是一个以加快教师专业成熟、提高教师专业化水平、促进教师专业化发展为依归，能为教师专业发展提供良好环境和条件的组织单位。^② 学者徐丽华、吴文胜将学习共同体界定为一个由学习者共同构成的团体，彼此在学习过程中进行沟通、交流，分享各种学习资源，共同完成一定的任务，在成员之间形成了相互影响、相互促进的人际关系，最终促进个体的成长。^③ 不难发现，教师专业发展共同体是教师为解决教育教学活动中出现的教育问题，探讨、交流自己积累的教学经验来相互学习、共同成长的学习共同体。

教师专业发展共同体是教师专业成长的有效组织形式，构建教师专业发展共同体的意义主要有以下几方面：其一，有利于激发教师发挥自身的主体性。教师专业发展共同体为教师发挥个人主体性、教师间的相互学习提供了平台，在共同体中不仅可以发挥个人的才能，教师组建的共同体可以凝聚集体的智慧，发挥集体功能，起到 1+1 >2 的效果。通过共同体内部人员的交流与合作，能够使教师吸收新观念与新知识，丰富教学经验，拓展知识框架，提高教师的专业水平，激发教师专业发展的主体性。其二，提高教师解决实际问题的能力。教师个人在教学过程中遇到的难题与困惑，将被转化为集体问题，教师在同事的帮助下，学会如何解决此类问题，并且教师团体共同总结经验与有效解决问题的方式。其三，培养教师合作的专业意识。"任何行业的成长都依赖于它的参与者分享经验和进行诚实的对话……同事的共同体中有着丰富的教师成长所需

---

① 牛利华．教师专业共同体：教师发展的新模式．教育发展研究，2007(12)．

② 林润之．构建教师专业发展共同体提高教师专业化发展水平．教育理论与实践，2007．

③ 徐丽华、吴文胜．教师的专业成长组织：教师协作学习共同体．教师教育研究，2005(9)．

要的资源"。① 教师的教学过程并非个人的事情，而是团队的事情，是学校全体教师共同的事情，教师通过教师专业发展共同体逐渐提高合作意识，培养合作精神，为教师的专业化发展而共同努力。

(二)同伴指导

同伴指导兴起于 20 世纪 80 年代，是西方教师专业发展的有效组织形式。我国的同伴指导是以教研组的形式出现的，两者是不同的。同伴指导的出现改变了过去"理论—展示—实践—反馈"这种单一的专家指导模式，同伴指导是指教师从自己的角度进行自我培训的模式。② 其实质是：由两位或更多的专业同事在一起工作，反馈当前的实践，发展、精练并形成新的技能，分享、开展课堂研究，解决工作中的问题。

同伴指导不仅包括教师之间的合作，还包括专家指导(即专业人士担当指导者，指导教师解决难题，分享经验)，不论是哪一种指导，都强调研究问题的真实性，发挥教师集体的智慧，注重教师的实际操作以及对研究问题的反思。我国同伴指导的开展不是很多，在引进同伴指导的同时要结合我国的实际情况进行适当的改造。

---

① [美]帕克•帕尔默. 教学勇气——漫步教师心灵. 吴国珍，等译. 上海：华东师范大学出版社，2005.

② 杨超、夏惠贤. 同伴指导——教师自我培训的新模式. 外国中小学教育，2005(5).

专题五　教师专业发展的评价

■ 一、教师学习审计

　　岁末年终，教师完成了一学期(年)的教学工作任务，需写出书面的工作总结。工作总结是教师对这一学期(年)的教育教学工作进行全面回顾、检查、分析、评判，课程与教学领导希望教师从理论认识的高度概括总结经验教训以明确努力方向。教师大体围绕政治素养、师德师风、业务水平、专业能力、个人学习等几方面来撰写工作总结。内容的固定化和格式的模式化使工作总结成为可以从网络范文复制、粘贴等实实在在的应付，课程与教学领导并不能从中看到教师所取得的成就，不能给教师的专业成长和学习经历带来任何长进，教师不能从总结中进行任何反思和成长，不能明了自己努力的方向。如何让教师在总结中真正地反思这一学期(年)学习工作所取得的进展？如果通过设计一些问题来审查过去一学期(年)教师的学习和发展变化，教师清楚地回答这些问题，许多教师就会惊奇地发现这一学期(年)居然发生了这么多的事情，这一活动就是教师工作学习审计。

　　教师工作学习审计是一种反思工具，通过审查教师一学期(年)学习了哪些东西，如何学习的，学习的效果如何，自己有何长进和发展等，反思自己的尺长寸短，促进教师的学习和专业发展。教师工作审计内在地关注并鼓励教师把自己看成一个学习者。其主要包括以下内容：请教师回顾过去一学期(年)里的教学生活，尽量诚实地完成以下各题：

(1)回顾过去的一学期(年)，现在我知道……

(2)回顾过去的一学期(年)，现在我能够……

(3)回顾过去的一学期(年)，现在我能够教给同事如何去……

(4)回顾过去的一学期(年)，我学到关于教学的最重要的理念是……，我是否在实践中验证了这些理论？

(5)回顾过去的一学期(年)，我对课程标准有什么新的认识？

(6)回顾过去的一学期(年)，我对教材有什么新的认识？

(7)回顾过去的一学期(年)，我走进了哪些学生的心里，对学生有更深入的了解？

(8)回顾过去的一学期(年)，我喜欢使用哪些教学媒介？制作课件过程中有何心得？如何帮助学生利用网络进行学习？

(9)回顾过去的一学期(年)，我和同事有哪些讨论，这些讨论引起了什么思考？

(10)回顾过去的一学期(年)，我阅读了哪些书籍，哪些书籍对自己影响较大？我是否把这些思想运用到自己的实际教学活动之中？

(11)回顾过去的一学期(年)，我在公开课或示范课中的表现如何？有何长进？在公开课或示范课之后，我反思最多的是什么？

(12)回顾过去的一学期(年)，我在教学中感受到的最大快乐是什么？

(13)回顾过去的一学期(年)，我在教学中最大的困惑和苦恼是什么？

这些问题是一些普适性的问题，适合于所有的教师，针对不同学科的教师也有不同学科的特殊性的问题。教师对这些工作学习审计题目的回答，使教师更深入地思考是什么诱发了每一次的学习和改变，是自己遇到了问题，外界的指导，还是对自己实践的不满，或是寻找一种教学的乐趣，哪种学习方式会使教师觉得更有效，是个人反思，自主阅读自我指导，小组讨论，或通过书刊视听媒体(录像带)来进行学习，或从名师示范专家讲座中获得启示，或从教师讨论参与——分享中获得感悟，教师在何种程度上依靠偶然获得的学习，在何种程度上计划如此学习？

教师阅读自己的回答，审视自己的学习和发展。利用这些回答反思学习内容、学习方法、学习途径、学习效果、自己的专业发展和进步以及需要改进的地方。帮助教师获得一种真切的感受，感受到自己如何改进自己，如何学习。使教师明白作为教师首先是一名学习者。站在旁观者的角度客观地清点自己所学的东西的时候，由衷地发现自己在下一学期（年）该如何运用自己的时间和资金来发展自己，做出更明智的教学决策和选择，提高自己的知识和技能，提高教学质量。

■ 二、教师评价

《基础教育课程改革纲要（试行）》明确提出："建立促进教师不断提高的评价体系。强调教师对自己教学行为的分析与反思，建立以教师自评为主，校长、教师、学生、家长共同参与的评价制度，使教师从多方面获得信息，不断提高教学水平。"由上可见，新一轮基础教育课程改革所倡导的教师评价是发展性评价。发展性教师评价的提出有重要的意义。首先，可以促进教师需求和学校需求的融合。发展性教师评价认为，任何一个教师在特定的学校组织里都会有某种属于自己的独特需求，学校管理中只有充分地重视每位教师的需要，有意识地融合教师个人和学校组织的两种需要，学校教育目标才会高效实现。所以在实现学校需求的过程中，要充分考虑教师个人的需求，并让教师清楚地了解学校的需求，然后给教师充分的自由，调动他们的积极性。其次，要促进教师心态和学校氛围的融合。发展性教师评价要求在评价活动中接受评价教师个人参加有效的评价面谈，了解学校对教师个人的期望，撰写实事求是的评价报告，确定教师个人的发展目标。同时，也要求学校组织听取和研究各种合理的建议和批评，采取相应的措施，使得这些建议和批评融入学校组织的氛围中。所以，发展性教师评价不仅能加速教师心态适应学校氛围的过程，而且可以营造出适合教师心态的学校氛围。最后，促进教师的现实行为和教师的未来发展的融合。发展性教师评价是面向未来的教师评价，它对教师现实表现评价的根本目的不是与奖惩挂钩，而是为了更好地促进教师的专业发展。它主张教师从学生的利益出发采用各种措施改进自己的工作，评价则借助于教师的现实表现来肯定自己的成绩。

　　总之，发展性教师评价是一种新型的、面向未来的教师评价制度，不仅关注教师个人的工作表现，更加关注教师的未来发展。其主要特征有：学校领导注重教师的未来发展；注重教师的个人价值、伦理价值和专业价值；重视同事之间的评价；重视提高全体教师的参与意识和积极性；强调评价双方共同承担实现发展目标的职责；注重长期的发展目标等。同时，发展性评价有利于克服传统教师评价中的一些弊端，比如，只重视教师的工作结果、过于强调教师评价中的等级与奖惩等。

(一)发展性教师评价的基本理念

1. 发展性教师评价的基本理念

　　发展性教师评价由英国首先提出并推行。1985 年，英国皇家督学团发表了题为《学校质量：评价与评估》的报告，明确提出教师评价制度应与奖惩制度分离，这个事实为发展性教师评价奠定了基础。翌年，咨询、调解、仲裁委员会评价工作组、教师协会、地方教育当局、教育与科学部的代表又发表了一份报告，指出：教学评价不是一系列可以敷衍的定期的任务，而是一种连续的系统的过程，目的是有助于教师个人的专业发展，帮助教师改进自己的专业生涯。此后，地方教育当局开展了为期两年的(1987—1989)发展性教师评价的试点研究。1989 年，全国领导小组提交试点研究工作的专门报告，详细阐述了发展性教师评价的目的、意义与实施，他们认为：发展性教师评价将有助于提高教师士气，加强信任感，改善人际关系，深化课程改革，形成积极支持教师创新的氛围。由此，20世纪80年代末90年代初，英国教育部逐步摒弃传统的教师评价制度，开始推行新型的发展性教师评价制度，且很快受到广大教师的认同和欢迎。绝大多数教师感到参与发展性教师评价是一项有价值的活动，只要实施恰当，准备充分，评价者、被评教师、学生和学校都会从中受益。

之所以能受到广大教师的认同并取得良好效果，主要是因为发展性教师评价充分体现了如下理念。

(1)主张评价以促进教师的专业发展为目的。发展性教师评价认为，教师工作是一种专门职业，每位教师都需要不断地对自己的教育教学进行反思、总结与改进，每位教师都有在教育教学的过程中不断发展的内在需求和可能性，而评价则是教师获得专业发展的重要促进力量。因此，教师评价的目的不再是给教师排队，把教师分成优、良、合格、差几个等级并以此为基础进行奖惩，或仅对教师过去工作的成败简单进行考核、鉴定、认可等，而是要为教师提供关于教育教学的信息反馈和咨询，帮助教师反思和总结自己在教育教学中的优势和薄弱之处，分析产生问题和不足的根源，探讨克服缺陷、发扬优势的措施与途径，从而不断改进教师的教育教学实践，提高教师的专业发展水平。可见，发展性教师评价是一种形成性评价，是一种面向未来的评价，它不仅关注教师的过去成绩，而且还根据教师过去的工作表现，确定教师个人未来的专业发展需求，制定教师个人未来的专业发展目标，指明教师个人未来专业发展的努力方向。

(2)强调教师在评价中的主体地位、民主参与和自我反思。发展性教师评价认为，与外在的评价者相比，教师最了解自己，最清楚自己的工作背景和工作对象，最知道自己工作中的优势和困难。因此，对教师的评价必须充分发挥教师本人的作用，突出教师在整个评价过程中的主体地位——不仅把被评教师看作评价的对象(但不是被动的客体)，也看作评价活动的积极参与者，评价者应通过与被评教师建立平等的合作伙伴关系，鼓励教师自主提交评价资料，给教师提供表现自己能力和成就的机会。同时，创设宽松的氛围，鼓励教师反思教育教学过程中遇到的困难和存在的疑惑，并与教师一起分析和探索。在分析评价资料和数据信息时，要与教师进行充分的交流与沟通，注重资料的背景和影响因素。达成评价结论的过程要与教师一起进行讨论，对教师存在的优势、不足和进步尽量形成清晰一致的认识，注重引导教师分析现象背后的原因，提高教师自我反思和总结的能力，并且与教师一起寻找出改进教育教学实践的建议。整个评价过程高度重视被评教师本人的积极参与、自我反思及相应的意见和观点，这不仅有利于收集到准确的评价信息，做出客观正确的判断，也有利于被评教师本人发现问题并主动地改进和提高，还有利于消除被评教师和评价人员之间的对立情绪，使被评教师能自觉地接受和理解评价结论。

（3）重视教师的个体差异。由于教师在人格、职业素养、教育教学风格、师生交往类型和工作背景等方面都存在巨大差异，因而，使教育教学变得丰富多彩。发展性教师评价主张，评价不但不能泯灭教师的独特个性，而且更应尊重教师的个体差异，并根据这种个体差异，确立个体化的评价标准、评价重点及相应的评价方法，明确地有针对性地提出每位教师的改进建议、专业发展目标和进修需求等。这样才能充分挖掘教师的潜能，发挥教师的特长，更好地促进教师的专业发展和主动创新。我们知道，一位严肃的教师和一位幽默的教师都有可能受到学生的爱戴，都有可能产生良好的教育教学效果。因此，在教师评价中，可提出相对一致的粗线条的评价标准，但具体教师怎样达到这个目标不但不能统得过死，还要给教师留有空间以发挥其主动性和创造性。否则，如果评价标准太琐细，往往会把教师整齐划一，从而丧失良好独特的个性教学的"精华"。

总的来说，重视个体差异的发展性教师评价，不是事先确定一个绝对统一的评价标准，然后将所有教师的表现与之相对照，从而衡量、判定教师的优劣或是否合格、称职，而是通过将教师评价时的水平和表现与教师的背景和原有基础进行纵向比较，以期发现教师在某一时间周期中的进步和成长发展的轨迹。

因而发展性教师评价是一种动态性评价。

(4)主张评价主体多元化，多渠道为教师提供反馈信息。不仅学校领导是发展性教师评价的主体，如前所述，被评教师本人也是主体。此外，发展性教师评价也强调让同事、学生及家长等人员共同参与评价，使被评教师从多渠道获得反馈信息，更好地反思和改进教育教学工作。

从某种意义上说，同事、学生和家长都是教师的工作伙伴，他们不但直接或间接参与了教师的教育教学活动，而且能够从不同的侧面反映教师的工作表现，对教师的改进、提高和发展产生积极影响。因此，发展性教师评价强调为同事、学生和家长创设积极参与评价的氛围，同时被评教师要端正态度，认识到他人评价所提供的信息对于自己改进和发展的重要作用，以平和的态度、宽广的胸襟接受他人的评价。

由于在教育教学目标、对象、环境等方面具有一定的相似性，同事对教师的工作有着较深刻的共鸣和较准确的理解。所以，同事评价是重要的学习和交流机会，被评教师可从同事评价中获得大量有价值的信息和经验，对于改进教育教学和促进自身专业发展都非常有益。但发展性教师评价中的同事评价不同于传统教师评价中采用的同事评价。前者不直接与教师的各种利益挂钩，有助于消除教师之间的摩擦、矛盾和相互提防，从而彻底敞开心扉，做出客观、合理、有价值的判断并探讨改进建议。

学生是教育教学活动的直接参与者，其发展是教师工作的中心目标，他们对教师的教育教学活动以及师生交往等有着直接的感受和判断。在发展性教师评价中，被评教师重视并及时听取他们对自己在教学、师生交往和其他方面的想法、意见和建议，并据此及时调整自己的教育教学策略或转变某些不恰当的教育教学行为。家长对教师的评价也具有重要的参考价值，有助于家校协同促进学生的发展。

值得注意的是，对学生和家长的评价要加强引导，要让学生和家长明确评价内容和标准，要分清哪些内容适合学生评价，哪些内容适合家长评价，哪些内容可作为教师改进的依据，哪些内容仅供参考。由于学生和家长对教育教学的理解可能与教师有所不同，其中某些方面可能带有主观性和局限性，所做出的评价也可能不合理。因此，一方面，教师要以积极的心态正确对待学生、家长的评价；另一方面，还要坚持正确、先进的教育理念和教学策略，不能简单地屈就学生和家长的不合理要求。

2. 发展性教师评价的实施步骤

(1)确定评价的对象和范围。它主要解决的是：第一，评价的对象是谁，是对新任教的教师，还是对成熟教师，还是专家型教师？第二，评价的类型是什么，是对教师做相对评价还是绝对评价，是自评还是他评，是过程评价还是结果评价？第三，评价的范围。评价的范围，即评价的人员、时间、地理位置，是局部评价还是全面评价等。

(2)确定评价的目的。评价的目的是评价活动的出发点和归宿，它制约着评价活动的整个过程。它解决为什么而评价的问题。在实际评价活动中，评价目的不同，评价的目标任务不同，收集资料的范围和工具不同，对资料的处理和利用不同。对教师进行评价主要看是为了培养本校教师提供决策以了解所有教师教学现状，还是为了评出优秀，或是为了提升教师某方面的教学能力，抑或是为了探索有效提高教学质量的途径等。

(3)根据目的分解评价目标。根据上述选定教师评价的目的，设定评价目标。也就是确定具体的评价对象，解决"评价什么"的问题。分解评价目标是指在目标的指引下，对评价目标进行分解，使之具体化，评价目标从大到小，从粗到细，建立起详细、严密、明确、具体的评价指标体系。

例如评价教师在课堂教学中培养学生创新能力。根据评价目的，确定目标，即教师对学生创新能力的培养主要从情境、思维、教学方法、师生关系和教学组织形式等方面来进行关照。具体如下：教师是否设置了教学情境以激发学生的兴趣；教师如何培养学生不同的思维能力，尤其是批判思维能力的培养；教师和学生之间能否建立民主平等的师生关系；教师是否针对不同的教学内容采用不同的教学方法；教师是否采用适合培养学生创新性的教学组织形式；教师是否培养学生的元认知能力等。针对上述目标可以进行再细化和分解。如思维能力的培养可以细化为：想象力、认知能力、推理能力、判断能力、逆向思维能力、发散性思维能力、批判思维能力、感性思维能力等。

以下是一个对课堂教学设计评价目标进行分解的案例。

课堂教学设计评价表

项 目	指 标	评分 A(1)　B(0.7)　C(0.5)
教学目标设计	①教学目标清晰具体 ②针对学生实际状态 ③考虑学生发展可能	
教学内容设计	①体现与生活世界沟通 ②体现灵活结构性 ③体现学科教育价值	
教学过程设计	①师生双方活动形式 ②考虑双方活动有效性 ③开放设计有度有弹性	

(4)收集和处理资料。对教师进行评价，收集资料非常重要，它是进行评价的依据，也是评价工作的一个实质性环节。在资料的收集上，最重要的工作是选择符合评价技术要求的最佳评价工具。评价者可以根据评价问题的性质、评价的要求和资料的特征选择科学的评价工具和方法。工具要有较高的信度、效度和可操作性。

收集资料主要是根据方案确定的评价对象、内容和范围进行。评价者也可根据评价指标体系，按照标准逐项收集资料，全面掌握评价对象的情况。资料来源越充分，结果越真实可靠，评价的成功率也就越高。

对评价资料进行处理主要包括两方面的工作。首先对评价资料的验证、核实和检查。其次，对评价资料进行过滤和分类。通过各种方法收集的评价资料，大多是对评价对象现象特征的描述，这种现象或特征常因具体情况的变化而产生一定的偶然波动。因此，要准确反映出评价对象的内在本质，就要对这些波动进行筛选过滤，在确认资料的真实性和准确性后，按照问题的性质和技术处理要求进行适当的分类。

(5)分析评价结果提出改进措施。这是评价的最后环节，它包括分析资料，对评价对象的价值效用或问题症结作出综合性判断，对结论进行验证，并提出下一步教师工作的改进措施。

[案例]

对教师评价的方案

一、问题的提出

1997年，海南省某重点中学在对教师进行年终考核评价、职称评审、先进评选、奖金等级评定、优秀专家推荐等活动时，均把指标分配到各科(室)、教研组等基层单位，由科(室)组织教职工直接投票决定。由于没有制定考核评估方案，考核评价的原则、目标、项目、内容、标准、程序和方法均无据可依，因而出现了许多不正常的评选结果：每年(次)的先进、一等奖金、职称、优秀专家等指标均落在校、科(室)组领导，人数多的科室、会拉选票的教职工手中。而相当部分的教师特别是青年教师，不论任务多重、工作多辛苦、业绩多突出，因得不到足够的选票而落选。由此产生了许多不良的现象：教职工中拉帮结派，搞地方主义，同乡同学者亲，讲哥们儿义气，买卖感情，拉拢人心，论资排辈，排挤能人，造成了十分消极的后果：教职工中，地方意识严重，人际关系紧张；校内派别林立，各树山头，内耗严重；违纪现象屡屡发生，严重影响了学生思想，教师身心也受到严重损伤；教职工无心从教，学风、教风、校风日渐衰落；办学资源得不到相应发挥，教育教学质量逐年下滑，学校高考、中考成绩与兄弟学校相比逐年下降。

关键时刻，关心学校发展的教职工向教育主管部门呈书反映情况，提出建议，呼吁领导们救救学校！教育主管部门查实情况，分析了该校教育教学质量逐年下降的原因，于1998年秋调任了校长，并派督导人员参与研究学校和教师的考核评价问题。

二、方案的内容

新任校长及领导班子以建立科学的教师考核评估方案为突破口，全面调查了解历年年终考核、职称评审、先进评选等详细情况，采取多种形式，广泛征求师生员工意见，从下到上，从上到下，民主集中，综合各种合理建议，初拟教师考核评估方案。对该方案组织教职工们讨论研究，修改补充，校行政会再深入研究，整合成一套教师考核评估方案。最后，校长召开全校教职工大会，方案人手一册，并宣讲介绍。

方案主要内容如下：

(一)建立教师考核评估方案的意义、作用

(二)方案坚持的原则

(1)考核结果适当与奖金等级、职称评审、先进评选挂钩但不完全挂钩；

(2)全员评价与全面评价相结合；

(3)科学性与可行性；

(4)评价信息透明与适度保密；

(5)群众评价与领导评价相结合；

(6)定性评价与定量评价相结合；

(7)单项评价与综合评价相结合；

(8)平时考核评价与期末考核评价相结合；

(9)过程和效果评价相结合；

(10)导向性和现实性相结合。

(三)方案坚持和明确学校发展目标、各类人员的岗位职责、工作任务、工作目标(含工作量和工作质量目标)和教职工考核评价目标、项目、内容、标准、方法的协调一致。

（四）教师考核评价的组织实施

学校对教师的考核评价有下列机构与人员参与：

（1）学校考核评价委员会。人员由学校行政人员、有关教研组长、年级组长、教职工代表组成。

（2）学校教学考核评价小组。人员由校长、分管教学副校长、教研室主任、教务科长和有关教研组长组成。

（3）学校德育考核小组。人员由校长、书记、党委成员、政教科长和有关年级组长组成。

（4）教师所在教研组和年级组全体教师。

（5）任教班级班主任及全体学生。

（6）工作量考勤统计小组和奖罚审核小组。

（五）教师考核评价的主要内容与标准

（1）学生对教师的考核评价（每学期开学前向学生宣讲，明确考核评价标准和方法）。

①德。包括政治观点、态度和思想表现，品德修养，职业道德，工作责任感和事业心，生活作风，遵纪守法及为人师表，团结协作精神，教书育人效果。重在考核育人效果。评价等级分为好、较好、一般、差四个等级。

②教学效果质量。重在考核课堂教学效果质量。分为16个子项目：教学目标明确及达成程度，教学内容的科学性，教法适当度，教学手段使用效果，重点是否突出，难点突破的程度，教学语言表达，提问设计，是否注重启发性及创新能力培养，能否激发学习兴趣，是否面向全体学生，课堂练习和课外作业设计、讲评和批改，辅导及答疑能力，师生关系融洽程度，教师育人效果，课堂教学综合效果。结果分为满意、较满意、一般、不满意四个等级。

为方便操作，该项评价先编好程序和相应卡片，学生涂卡评价，用电脑刷卡统计等级及分值。为避免感情分，取消10%的最高分和最低分。

（2）同科组年级老师对教师的考核评价（组内互评）。

①德。项目和标准同学生评价老师一样。

②能。重点从钻研大纲及教材、备课、上课、辅导、作业布置批改、听课评课、答疑、出题、评卷、教学总结、教改科研等能力水平和期末(中)考、高考、中考的效果及质量等进行全面考核评价。评价结果分为强、较强、较低、低四个等级。

③勤。依据考核内容和标准评价。结果分为好、较好、一般、差四个等级。

④绩。包括工作量(含教育工作量、教学工作量、教改科研工作量、临时性额外加班工作量等),工作效率质量,工作成果(含各种获奖),对学生、学校、社会做出的成绩和贡献。评价结果分为好、较好、一般、差四个等级。

(3)学校教学考核评价小组对教师的考核评价(内容同上)。

以上三个机构及人员对教师四大项目内容考核结果中,德育考核结果单列统计,作为评定各考核等级的前提条件。

(4)学校工作量考勤组全面统计教师工作量及其得分。

教师工作量以课时量计算(以一学期为限),用 A 表示,其计算公式为:

A=实际课时量(超过基本量的按基本量计算)+超课时量×0.5+临时性加班代课课时量—旷(缺)课和请假课时量

(5)奖罚审核小组对教师获奖和违纪进行审核,确定加减分(按学校制定的奖罚条例进行)。

(6)考核办公室统计教师一学期(学年)考核评价总积分(用 B 表示)。

其计算方法如下:

B=工作量得分(满 100 分)×0.1+学生评估分(满 100 分)×0.5+组内互评分(满 100 分)×0.1+学校教学考核小组评价分(满 100 分)×0.2+获奖得分(加减分相减超过 20 分的按 20 分计)—违纪扣分。

(7)学校考核评价委员会根据考核评价总体效果和各人总积分情况,认真总结各人优缺点,按照方案规定的各等级比例和人数,以积分高低为主要依据综合审定个人考核结果和等级。对优秀(先进)等级人员和不称职人员进行认真讨论、综合对比、慎重评定。对真正不称职人员，布置安排好面谈对象，进行详细的谈话，帮助他们克服缺点，改进工作方法，明确发展方向，逐步提高工作效果和质量。

(8)学校考核评价委员会在适当范围内公布反馈考核结果。重点公布优秀的称职人员的考核结果。不称职人员在面谈时单独反馈给本人。

(六)对考核评价方案的总结和评价

为了解教职工对这一方案的态度，学校以问卷调查的形式进行了调查。调查结果表明：86%教职工同意按"方案"实施考核评价，并在实施中逐年修改完善；12%持反对意见；2%未表明态度。根据调查结果，校长召开行政会进行综合分析研究，决定按方案对教师实施考核评估，并在实践中逐步完善。

三、方案实施情况

两年来，学校按方案对教师进行了年度考核评估、职称考核评审、先进评选、提前晋升工资评定及专家劳模的考核推荐。实施情况如下：

(1)年度考核中，考核评价为优秀的占 36%(总积分为 90 分以上)；称职的占 53%，基本称职的占 8%；不称职的占 3%。优秀等级教师中，从年龄看：35～50 岁的占 60%，51 岁以上占 20%，34 岁以下占 20%；从职称上看：高级教师占 34%，一级占 42%，二级以下占 24%；从职务上看：校级领导占 2%，中层干部占 15%，教研组长年级组长占 20%，一般教师占 63%。

(2)职称考核评审中，评上高级的 13 个教师中，有 6 个人资历比未评上的 12 人的资历短。

(3)在提前越级晋升工资档次、省级劳模、专家、特级教师的考核评选中，有 6 位青年教师(35 岁以下)因连年考核均优秀，成绩显著，提前晋升工资，其中一名被评为全省劳模，一名被评为省优专家，一名被评为特级教师。

四、对方案的评价

每次考核评价结束后，学校通过召开各科(室)、组教师座谈会、与教师单独面谈、发放问卷调查表等多种形式，征求教师对方案及考核情况的意见。由学校考核评价委员会成员及巡视人员收集信息。各类人员意见分别综合如下：

（一）持赞成和基本赞成态度的教师的意见

教师A说：按这样的方案进行考核评价，目标明确，标准一致，方法科学，民主透明，增加了教师对考核的信任度和参与性，提高了教师的士气，加强了信任感，改善了人际关系，教师们变得更坦诚，学校形成一种积极支持教师创新的氛围，使教师对学校和自身充满信心，促进教师主动实施素质教育，深化课程教学改革，优化教学方法，为提高教学质量而努力奋进。

教师B说：该方案通过师生间相互坦诚评价，加强了师生的沟通交流，不断改进教育教学的方法，有利于改善学生的学习动机，促进学生的学习过程，提高学生的学习质量。

教师C说：这种考核评价使得教师们的工作成绩和贡献受到重视和表扬，从而增强了自尊心，提高了思想境界，极大地激发了教师的工作责任感和创新意识。

教师D说：两年的考核评价，加强了学校的有效管理和组织意识，使学校发展目标能够通过紧密的组织关系落实到教师个人身上，有效地发挥各种办学资源和教师的能力优势，提高了办学效率和质量。两年来，学生综合素质逐步提高，学业成绩稳步上升。

教师E说：在考核评价完成后进行的系统总结评价，总结并指出教师的优缺点，明确教师的努力方向，帮助教师改进工作方法，增强了教师工作的目的性，激励教师自我发展和工作的创新。

教师F说：该考核方案的实施，有助于发现人才、培养人才，使中青年教师受到鼓舞。

教师G说：这两年的考核评价，同科、组教师在自己总结评议的基础上进行坦诚面议，有利于教师间相互交流、取长补短和传经送宝，达成认识统一；有利于团结协作，共同进步。

教师H说：两年的考核评价，使教师们获得提出建议和发表意见的机会，形成了开放民主的学校氛围，促成一种新的合力。

（二）持反对意见或不明确态度教师的意见

教师 I 说：考核中让学生对教师的师德和教学质量进行评价，使教师不敢严格要求学生，不敢大胆管理学生。教师对学生违纪现象不想说，不想管，怕学生评价差。如我在教室时无意听到一学生说：这次评价，我对某老师报了一箭之仇。另有一体育教师平时上课较严格，学生较反感，所以评价结果较差。故学生不宜参与对老师的评价。

教师 K 说：学生对某些项目的评价标准不很理解，掌握不准，造成随意评价，产生不合理、不公正的评价结果，影响教师的积极性。

教师 L 说：考核评价结果与奖金挂钩，会诱导教师们向钱看，而不是向前看，长久会扭曲教师的价值观。

教师 M 说：考核结果作为职称评审的主要依据，不利于教师的全面发展和工作创新。同时，考核方案带封闭性，评价范围有其局限性，较为狭窄，教师只限于在考核范围内转，抑制了教师主体性的发挥，不利于教师教学特色的形成和发展，更不利于培养创新型教师。

教师 N 说：考核评价总积分中，实际上某些获奖项目有双重性得分，如调教获奖、论文获奖等，评价时已考虑较高评价，而又设单项获奖加分，不尽合理。另外，因客观原因，考核评估的很多环境不尽公平，容易造成不公平、不公正的评价结果，严重影响教师的自尊心和积极性。

教师 O 说：这样的考核方案会产生过度理由效应。也就是说，人们原来参与某项活动是出于自己的兴趣，而当这项活动受到外加的奖励时，人们就会逐渐地认为，自己参与这项活动的目的在于得到奖励加分。一旦这种外加的奖励取消，人们对这种活动的兴趣便会下降，从而减少乃至停止参与这项活动。这样会在教师管理中产生许多负面影响，如会使教师高尚自觉行为降低为以赢得分数和奖励为目的，会影响教师的特长兴趣和开拓创新能力的形成和发展等。

教师 P 说：考核方案实施中，让教师评教师、学生评教师、领导评教师、教师评领导等，背离了教师评价的初衷，日渐影响领导与教师、教师与教师、教师与学生之间的团结，甚至影响教师与学生及家长的关系，不利于人际协作关系的形成和发展，所以起码学生不能参与对教师的评价。

教师Q说：考核结果与奖惩制度挂钩，使教师产生担心和惧怕心理。如评价结果不佳时，惧怕不再被领导、同事、学生、家长信任，甚至被人歧视或误解，从而得不到师生的尊重。

教师R说：相互评价中，教师总产生一种疑虑、不愉快的心情，担惊受怕，受到一定的心理压力，不敢说真话；评议时，总说你好、他好、大家好，造成了不客观、不准确的评价结果。

教师S说：这样的考核评估方案，会诱导教师想方设法迎合学生心理，拉拢"民心"，许几个愿，卖几个好，以求得到好的评价。时间一久，教师将功夫放在这上面，岂能不影响正常的教学和管理？教师也就掉味、降格了。所以，这样的方案不可行。

(三)行政会议对方案实施情况的总结评议

在行政会议总结评议前，考核办公室向与会人员汇报了教师们对考核评价方案和过程的各种意见和建议，然后各人发表评议。

干部A说：该方案的实施，总体来说比以前的投票决定前进了一大步。从效果看，有利于调动教师的积极性和创造性，避免了拉帮结派、暗中拉票现象，体现了优胜劣汰，鼓励了先进，鞭策了后进，肯定并重视了教师的劳动价值，增强了人们的信心和发展思想，应坚持实施方案。

干部B说：方案总体指导思想是对的，且全员参加，自下而上，自上而下，体现民主，可信度强。考核评价前，目标和项目内容明确，有评价标准，减少了随意性，但各项目的分值权重要进一步研究，以达科学合理，使教师工作重点与学校中心工作融合，否则会产生偏向。

干部C说：方案实施中，有学生评教师、教师评教师、教师评领导、领导评教师，相互之间总想知道对方的评价。因此，相互评价的内容要注意适度保密，否则会影响各类人员间的团结，引起隔阂，造成内耗，后果是可怕的。

干部 D 说：方案的实施虽有一定效益，但耗时多、操作繁杂，对正常教学有冲击。我看宜粗不宜细。

干部 E 说：方案过分强调考核评价结果的作用，既与奖金挂钩，又与职称、先进、工资晋升挂钩，这会使教师产生惧怕心理，形成心理压力，不利于教师的健康发展，故评价结果不宜与奖金挂钩。

干部 F 说：实施方案的各个环节，操作要科学。如学生对教师的评价，要注意同班科任老师和班主任的区别处理，不同科组、不同年级、不同年龄段的教师之间要注意平衡，否则会造成不公平的评价环境，从而适得其反。

(四)总结

校长认为：根据方案的实施情况，结合各类人员对方案实施后的总结评价意见，需要对方案进行全面的、深层次的剖析、探究，以建立有利于调动教师积极性和创造性，能够提高办学效率和教学质量的教师考核评估制度。

资料来源：教育部人事司. 现代教育评价. 长春：东北师范大学出版社.

(二)教师评价的策略

1. 教师素质评价的标准

一个人要有所作为，与其说是用本身的知识去影响人，还不如说是用自己的思想行为来培养教育人。为此，我们要重视教师的素质。教师素质是教师专业工作的基础和条件，它在教师的工作中长期发挥着一种潜在的作用。如果教师缺乏某种素质或素质较低，就不能高质量完成教学任务。一般来讲，教师应该具备的基本素质有：职业道德、学科知识、教学能力、文化素养、参与和共事能力以及反省与计划性。

对教师素质的评价标准

评价内容	评 价 标 准
职业道德	爱心；正直诚实；公正；上进；奉献/职业热情；健康心态
学科知识	1. 正确掌握本学科的有关概念；2. 灵活应用本学科的基本方法；3. 了解本学科的动态和发展；4. 熟悉本学科的基本体例；5. 善于将学科知识和生活实际相结合
教学能力	1. 掌握所教学科的知识，并且能将这些知识通过精心计划的、有趣而又有效的教学方式教给学生；2. 能够通过形成性评价和总结性评价持续而有效地掌握学生的进步情况并且采用有效的和革新的措施来巩固评价的成果；3. 拥有出色的学生管理技能，形成良好的纪律，建立积极的师生交往，体验积极的情感，赢得学生的尊敬，能够激励他们超越自己
文化素养	1. 热爱学习，有良好的阅读习惯和获取新知识的意愿，能够主动地从生活实践中不断总结、学习新知；2. 具备基本的百科常识和生活常识，能够较为自如地应付日常生活的需要，并可灵活地在各知识点之间建立联系；3. 了解和热爱祖国文化，熟练掌握祖国文字；具有较高的文明礼仪水平
参与和共事能力	1. 要参与学校发展规划的设计，并能够提出可行性意见；2. 要参与确定时间和其他资源在教学课程中分配等教学规划；3. 要参与设计本学科、所在教学组的发展规划，并提出可行性意见；4. 要充分参与制订和实施同事们的专业进修计划；5. 能与学生、家长、同事建立良好的关系，在同事中有好朋友
反省与计划性	1. 制订并有效实施个人发展计划，并具有随环境变化的调整能力；2. 制订并有效实施工作计划，以月、学期、学年计划为主；3. 计划制订中考虑多方面因素的影响，如年龄、性别、学生班级特点等；并有意识听取有关人员的意见和建议，如同事、领导以及学生等；4. 建立反省习惯，可以分为天、周、月、学期等不同形式进行；在反省结果和下一学期计划之间建立联系

　　教师的职业道德是教师从事教育教学活动时的基本行为规范，是教师自己对职业行为的自觉要求。它是以敬业精神为基础、以协调师生关系为主要内容的道德规范。教师育人的使命与自己的道德修养水平息息相关，这也是教师生活的重任，为此，需要教师一辈子不断地修养自身，使自己不断走向真、善、美，也促进学生不断走向真、善、美；文化素质水平奠定了教师在教育教学中有能力胜任工作的基础。教师以文化为中介对学生产生实质性的影响，并实现对社会文化的传承。教师不仅要有丰富的科学文化知识，还要有大量的学科知识和专业知识。教师专业素质水平直接影响教师在学科教学中的策略、方法、组织等具体实现。专业素质主要包括：一是与时代精神相通的教育理念；二是激发学生创造精神和实践能力的教学方法；三是成为多元文化交融的组织者和参与者。教师的人格魅力是教师在教育教学活动中的心理特征的整体体现，具体包括教师对学生的态度，教师的性格、气质和兴趣等。理想教师的人格包括善于理解学生、富有耐心、性格开朗、意志力强、有幽默感等。国外研究者曾对 4 700 名学生进行调查，并归纳出有效能和无效能教师的性格特征。[①]

两类教师性格特征的比较表

有效能教师	无效能教师
合作民主	坏脾气、无耐心
仁慈、体谅	不公正、偏爱
能忍耐	不愿意帮助学生
兴趣广泛	狭隘、对学生要求不合理
和蔼可亲	忧郁、不和善
公正	讽刺、挖苦学生
有幽默感	外表讨厌
言行稳定一致	顽固
有兴趣研究学生的问题	啰唆不停

---

① 胡晴. 学校教育与个性发展. 北京：知识出版社，1999.

续表

有效能教师	无效能教师
处事有伸缩性	言行霸道
了解学生，给予鼓励	骄傲自负
精通教学技能	无幽默感

教师的素质不是一天就能形成的，而需要坚持不懈的学习和自我教育。正如第斯多惠如下所说：

教师进行自我修养，要言行一致、身体力行，不但要倾听真理，学习真理，而且更重要的是把自己内心拥护的真理和自己的实际生活、思想与意志紧密地联系起来，融为一体，这是教师的自我完善，不做到这一点，就不可能做一个有思想有抱负的真正的人。教师必须明确地认识到：

一个人如果一贫如洗，对别人绝不可能慷慨解囊。凡是不能自我发展、自我培养和自我教育的人，同样也不能发展、培养和教育别人；

教师只有先受教育，才能在一定程度上教育别人；

教师只有诚心诚意地自我教育，才能诚心诚意地去教育学生。①

2. 教师的反思和自我评价

在新课程背景下，教育是培养人的活动，不是为了考试，为了工作，为了技能的训练，而是为了给学生一个高贵的灵魂，给他一个活着的精神。强调教师反思，反思是教师成长的关键。从宏观的角度讲，教师主要是对自己教学理念的反思，对教学目标的反思。从微观的角度讲，教师的反思主要有：教学方法的反思；教学内容的反思；课堂管理的反思；教学评价的反思。正如一位研究者的研究日志所述：

反思是自己洗刷自己的灵魂，

反思是灵魂成长的途径！

---

① ［德］第斯多惠. 德国教师培养指南. 北京：人民教育出版社，2001.

反思是自己和自己的对话，

反思作为内省的一种方式，

它是一种生活的方式。

反思是一个人获得成长的内在动力。

一个人获得活着的动力不会来自于他人和自然，

而是从自身获得成长的着力点。

反思就是自己用自己的智慧促进自己的成长。

反思是自己获得智慧的最佳途径！

反思要有一定的方向，

没有方向的反思是徒劳的，

只有以真善美为追求鹄的才能真正把舵反思的航向。

反思都需要建立在一定的知识基础之上，

没有知识和智慧的反思是空洞的，

没有方法的反思是曲折的。

反思需要知识、方法、热情和毅力。

　　教师的反思促进教师进行自我评价。根据教师反思的内容，教师进行自我评价的内容主要如下：能否体现以人为本的教学理念？如何看待学生和自己的作用和地位？教学最重要的价值是什么？能否在传授知识的同时使学生的能力得到发展，精神得到成长？课堂教学的效果怎样？为了提高教学质量，自己采用哪些有效的教学策略？自己还能做哪些改进和提高？自己最大的困惑是什么？最满意的地方是什么？如何管理学生？哪些管理学生策略是有效并值得推广的？在管理学生方面还有哪些问题，需要向其他教师学习和请教的？专业知识在教学的时候够用吗？能否把书本知识和实际生活经验相结合？在课堂上能否激发学生的学习兴趣，学生是否愿意参与到教学活动中来？在课堂教学中教师和学生之间的关系如何？在工作中遇到哪些困难？怎样克服困难？为了改进工作，是否得到他人如校长、教研组长、同事等帮助？采取怎样的措施来提高自己专业水平，促进自己的专业发展？希望通过何种途径来提高自己的专业水平？

3. 教师教学评价的内容

新课程对教师提出了很高的要求。教师不仅是课程实施的组织者、促进者，也是课程的开发者和研究者。教师的教学应是富有创造性的活动，其创造性发挥的基础是全面了解学生、研究学生，并在此基础上设计教学目标，选择课程资源、组织教学活动，为了达到此目标，教师要不断提高自己的专业水平。对教师专业水平的评价主要通过教学评价来进行。其具体内容如下表所示。

对教师教学评价的内容和标准

评 价 内 容	评 价 标 准
教学目标： 教师要把全班学生培养成善于思考、富有能力和乐于合作的学习者	1. 尊重所有学生各种不同见解、技能和经验 2. 学生在决定学习内容和学习方法的时候有真正的发言权 3. 培养学生的协作精神 4. 重点培养学生的技能、思想方法、行为方式和价值观念等方面
教学设计： 教师要为学生制定合理的教学方案	1. 为学生制订一个包含年度目标和短期目标的计划 2. 设计学习内容与课程，使之适应学生的经历、兴趣、知识水平、理解力和其他能力 3. 选择教学和评价方案，以提高学生对知识的理解，把学校变成学生积极参与学习的场所
管理学习环境： 教师要营造好的学习环境，为学生学习提供必要的时间、空间和资源	1. 安排好可以利用的时间，使学生有机会参加扩展性研究 2. 创造一种灵活的、有助于学生学习的环境 3. 确保学生学习的安全性 4. 设备、学习教材、视听媒体能够为学生所用 5. 鉴别和利用校外的学习资源 6. 鼓励学生参与学习环境的设计

评 价 内 容	评 价 标 准
促进教学： 　　教师要学会引导学生学习，能将学习活动化难为易	1. 组织学生围绕学习问题进行讨论 2. 设法使学生认识到并担负起他们在学习中所应担负起的那份责任 3. 认识到学生之间存在很大的差异，并能采取相应的做法和措施，鼓励学生参与到学习活动中来 4. 利用学生的反馈意见和有关人员对教学工作的评议与同事进行交流，总结和改进教学
对学习的评价： 　　教师对自己的教学以及学生的学习进行不断的评价	1. 使用多种方法，系统地收集关于学生的理解与其他能力发展的数据 2. 分析评价数据，指导教学 3. 指导学生进行自我评价 4. 向学生、教师、家长、决策人员，以及广大公众报告学生的学习过程和学习结果

从上表可以看到，教师教学评价是一个复杂的多边系统，它涉及的内容比较广泛，层次比较多，既要进行多方面横向比较，又要进行发展性纵向比较；既要进行定量评价，又要进行质的评价；既要进行自我评价，又要进行他人评价，以此着力构建全方位动态性教师教学评价系统。

4. 课堂教学评价的策略

对教师课堂教学评价策略的考察可以通过两个方面进行，一方面是对教师教的考察；一方面是对学生学的考察。其具体内容如"教师的教"和"学生的学"两个表所示。

教师的教(教学方法、课堂组织、课堂管理、课堂提问、对待学生的态度)

学校：_____ 年级：_____ 学生人数：_____

教师姓名：_____ 观察日期：_____ 观察时间：_____

项　　目		有　　无	达标程度			
教学方法	1. 讲授法					
	2. 问答法					
	3. 讨论法					
	4. 读书指导法					
	5. 演示法					
	6. 实验法					
	7. 发现法					
教学过程	1. 利用导课，激发学生学习语文的兴趣					
	2. 注意学习内容与学生情感的联系					
	3. 创设教学情境促进学生理解课文					
	4. 师生关系民主平等，能创设宽松的教学氛围，尊重、关爱、激励、赞赏每一位学生					
	5. 关注个体差异，尊重学生的独特体验					
	6. 重视引导学生经历知识形成的过程					
	7. 学生在讨论交流中积极主动参与					
	8. 对学生的课堂表现有敏锐的判断能力，课堂驾驭能力强					
	9. 能引导学生对课文内容有一个较好的认识，使学生在学习过程中获得精神食粮(引导学生突破重点和难点)					
	10. 提出问题值得学生讨论交流					
	11. 引导学生对课文的理解与日常生活相联系					
	12. 学生敢于提出不同的见解和问题					
	13. 对学生能进行及时有效的评价(检测学生学习的有效程度，即回答问题的准确程度，使学生知道自己回答问题是否正确)					
	14. 能让学生进行自我评价					
	15. 肯定正面性评价					

学生的学(学生的听课状态、学习状态等)

学校：＿＿＿＿＿＿＿　　年级：＿＿＿＿＿＿＿　　学生人数：＿＿＿＿

教师姓名：＿＿＿＿＿　观察日期：＿＿＿＿＿＿　观察时间：＿＿＿＿＿＿

项　目　指　标			记录
听课态度	认真听讲 主动参与	注意力集中 积极思考，努力回应教师	
学习状态	参与状态	1. 是否全员参与学习过程 2. 积极回顾、小结和总结过程	
	交流状态	1. 课堂是单向还是多边的信息联系与反馈 2. 小组讨论中学生积极发言 3. 教师在小组讨论中能否给予帮助和提示	
	思维状态	1. 学生是否积极回答问题，发表见解 2. 学生是否敢于提出问题 3. 学生能联系生活实际表达观点，描述自己的感情，让老师学生了解自己的内心感受	
	情绪状态	1. 学生是否有适度的紧张感和愉悦感 2. 学生厌倦，无精打采 3. 教师对学生的情绪状态是否关注，调动学生的积极性	

(三)一堂好课的标准

　　课堂教学是目前我国中小学教育教学的基本组织形式，是教师教育教学活动的基本阵地。课堂教学质量的高低在很大程度上决定了学校教育教学的水平，影响着学生的发展。对于教师来讲，没有比上好课更重要的事情了。因此，人们对教师的评价往往与这位教师的课堂教学效果密切联系在一起。能上好一堂课，说明教师在知识、技能、态度、价值观等方面都表明他是一个合格的教师。那么怎样的课算是好课？一堂好课的标准是什么？真可谓公说公有理，婆说婆有理。现在我们看看教育家叶澜先生是怎样说的。

扎实　充实　丰实　平实　真实

——"什么样的课算一堂好课"

一堂好课没有绝对的标准，但有一些基本的要求。就我们"新基础教育"而言，我认为一堂好课要达到的基本要求是：

1. 有意义

在这节课中，学生的学习是有意义的。初步的意义是他学到了新的知识；再进一步是锻炼了他的能力；再往前发展是在这个过程中有良好的积极的情感体验，使他产生更进一步学习的强烈的要求；再发展一步，在这个过程中他越来越会主动地投入到学习中去。这样学习学生会学到新东西，学生上课"进来以前和出去的时候是不是有了变化"，没有变化就没有意义。一切都很顺，老师讲的东西学生都知道了，那你何必再上这个课呢？第一点是有意义的课，也就是说，它是一节扎实的课。

2. 有效率

表现在两个方面：一是对面上而言，这堂课下来，对全班学生中的多少学生是有效的，包括好的、中间的、困难的，他们有多少效率；二是效率的高低，有的高一些、有的低一些，但如果没有效率或者只是对少数学生有效率，那么这节课不能算是比较好的课。从这个意义上，这节课应该是充实的课。整个过程中大家都有事情干，通过你的教学学生都发生了一些变化，整个课堂是充实的、能量是大的。

3. 有生成性

这节课不完全是预设的而是在课堂中有教师和学生真实的、情感的、智慧的、思维的、能力的投入，有互动的过程，气氛相当活跃。在这个过程中既有资源的生成，又有过程状态生成，这样的课可称为丰实的课。

4. 常态性

我们受公开课的影响太深，当有人听课的时候，容易出的毛病是准备过度。

教师课前很辛苦，学生很兴奋，到了课堂上表演准备好的东西。课堂上没有新的东西生成出来，是准备好的东西的再现。当然，课前的准备有利于学生的学习。但课堂有它独特的价值，这个价值就在于它是公共的空间，这个空间需要有思维的碰撞，相应的讨论。最后在这个过程中师生相互地生成许多新的东西。"新基础教育"反对借班上课，为了让大家淡化公开课的概念，至少不去说"公开课"，只有"研讨课"。不管谁坐在你的教室里，哪怕是部长，你都要旁若无人，你是为孩子，为学生上课，不是给听课的人听的，要"无他人"，所以，这样的课称为平实的课（平平常常，实实在在的课）。这种课是平时都能上的课，而不是很多人帮你准备，然后才能上的课。

5. 有待完善的课

课不可能十全十美，十全十美的课作假的可能性很大。只要是真实的就是有缺憾的，有缺憾是真实的一个指标。公开课要上成是没有一点点问题的课，那么这个预设的目标本身就是错误的，这样的预设给教师增加了很多的心理压力，然后做大量的准备，最后的效果是出不了"彩"。生活中的课本来就是有缺憾的，有待完善的。这样的课称为真实的课。扎实，充实，丰实，平实，真实，说起来好像很容易，真正做到却很难。但正是在这样一个追求的过程中，我们教师的专业水平才能得到提高，他的心胸也变得博大起来。同时他也才能够真正享受到教学作为一个创造过程的全部欢乐和智慧的体验！

请阅读下面的一堂好课的案例。

在2004年的第四届全国中小学音乐录像课比赛中，安徽省马鞍山市线星中学的周鹰老师的一堂《妈妈的歌》，赢得专家与全场老师的称赞，获得了高中组的一等奖。

《妈妈的歌》

教学内容：

(1)摇篮曲的音乐特点。

(2)欣赏东北民歌《摇篮曲》、勃拉姆斯《摇篮曲》、世界各地的摇篮曲以及器乐摇篮曲等。

(3)学唱勃拉姆斯《摇篮曲》。

教学目标：

(1)喜爱"摇篮曲"这一音乐形式，并且愿意用这种形式进行情感交流，理解和回报母爱。

(2)能够用自然的、甜美的、真假声结合的声音，同时满怀真情实感地演唱勃拉姆斯《摇篮曲》。

(3)掌握"摇篮曲"的音乐特征，了解它与生活原型的必然对应关系，从而感受音乐美，体会生活美。

教学重难点：

(1)重点是欣赏和学唱"摇篮曲"。

(2)难点是如何使学生喜欢"摇篮曲"。

学生基础状况分析及对策：

高一学生具有一定的音乐理解能力和识谱基础，但对"摇篮曲"不感兴趣，因为这个年龄段没有此类生活体验，又自认为"摇篮曲"太浅显。另外，独生子女已习惯被母爱包围，甚至产生厌烦情绪。教学设计针对以上现状，从有震撼力的情感教育入手，深入挖掘音乐特点及其对于生活原型的直接表现力，使学生真正领略音乐美，喜爱"摇篮曲"，感谢母亲。

教学过程：

一、导课

学生看大屏幕，欣赏米勒和沃维特拍的两张照片。听背景音乐，无伴奏合唱勃拉姆斯《摇篮曲》。

目的：创设情景，用经典摄影作品开头，揭示主题，震撼心灵，感受母爱。同时，背景音乐使学生对勃拉姆斯《摇篮曲》的旋律产生初步印象。

二、各国摇篮曲

学生欣赏各国摇篮曲片段：

①《地中海摇篮曲》片段　　③《巴西摇篮曲》片段

②《非洲摇篮曲》片段　　④《法兰西摇篮曲》片段

目的：开阔视野，感受色彩丰富、原汁原味的各国摇篮曲，体会全人类父母对孩子的爱心，增加兴趣。

三、摇篮曲与母爱

(1)学生欣赏法兰西摇篮曲的 CD 封面，说出感受。

(2)欣赏伟大的母爱并不是人类独有的，学生欣赏一组"动物摇篮曲"照片。

(3)在弦乐演奏的勃拉姆斯《摇篮曲》的背景音乐中，欣赏一组老师从网上下载的图片。

目的：从 CD 封面上、书上、动物的、自己的亲历、网上的图片、大山的话等全方位多角度、大信息量地进行情感教育，为欣赏和演唱创设意境。对课堂气氛进行调节。再次播放勃拉姆斯《摇篮曲》。

四、摇篮曲的音乐特点

(1)学生聆听四段音乐。

(2)讨论哪些乐段是摇篮曲，哪些不是摇篮曲。

(3)再讨论一、二段什么不是摇篮曲？三、四段什么是摇篮曲？

(4)感受并总结摇篮曲的音乐特点。

(5)说说生活中妈妈哄宝宝睡觉的具体情景，总结出"动"和"静"特征；体会并理解音乐中"动"与"静"这两个典型的既对比又协调的表现形式，生活原型的准确对应关系，真正从音乐中看见摇篮曲和宝宝，体会母亲的爱心，感受音乐的绝妙表现力。

目的：培养学生静心深入音乐的欣赏习惯。自主体会音乐表现形式与内容的必要联系与规律，从而提高想象力、感受力和理解力，增强信心。

五、合唱摇篮曲

学生选择欣赏以下合唱摇篮曲：

①东北民歌《摇篮曲》；②柴可夫斯基《暴风雨中的摇篮曲》；③藏族摇篮曲；④日本广岛《摇篮曲》；⑤《土家族摇篮曲》。

目的：学生自主选择，培养主动性。感受和体会艺术摇篮曲的优美意境和深邃情感。让音乐美充分环绕、感染、震撼学生的心灵。

六、器乐摇篮曲

①勃拉姆斯《摇篮曲》；②豪塞管弦乐《摇篮曲》；③格里格钢琴《摇篮曲》。

目的：了解摇篮曲的器乐形式，开阔视野。

七、唱勃拉姆斯《摇篮曲》

(1)师范唱。

(2)先学最后两句。用1351练哼唱，然后解决八度大跳的演唱难点。

(3)跟音乐划拍唱谱。

(4)跟音乐唱歌词。

(5)对声音、情绪作要求：打开、高位、统一、深情，唱好全曲。

目的：学唱一首经典作品。尽量体会和表现音乐美。

八、现代摇篮曲

学生选择欣赏以下用现在流行的演绎方式以及具有摇篮曲风格的歌曲：

①苏小明《军港之夜》；

②罗大佑《摇篮曲》；

③动力火车《摇篮曲》；

④美国"民谣四兄弟"的《绿野》。

目的：了解用摇篮曲的形式可以抒发各种深沉、温柔、细腻的情感。感受艺术风格的多样性。

九、回报母爱

(1)学生看屏幕上的动画电子卡。

To：妈妈

我每天都沉浸在甜蜜的梦想，都是因为您妈妈，谢谢您！祝您母亲节快乐！

From：您的菲菲

(2)勃拉姆斯《摇篮曲》的音乐中下课。

（安徽省马鞍山市线星中学　周鹰）

■ 三、学生学习效果评价

> 几乎每个稚嫩的心都渴望摆脱束缚，展现自我！
>
> ——H．加德纳（Howard Gardner）

（一）学生评价的概念、意义及内容

1. 学生评价的概念及意义

学生评价是在系统地、科学地和全面地收集、整理、处理和分析学生信息的基础上，对学生发展和变化的价值作出判断的过程，是教育评价中一个重要的组成部分。有效的学生评价可以使学生及时得到学习效果的反馈信息，明确自己学习中的长处和不足，以扬长避短，调动学生学习的积极性，促进学生全面发展；有效的学生评价可以使教师更准确全面地了解学生，在了解基础上选择有效的教学策略和教学方法，并分析自己教学的优缺点，更好地提高教学水平，促进教师的专业发展；有效的学生评价也可以让学校积累和记载学习情况资料，发现教师的教学问题和经验，及时调整学校教学政策和导向，促进教学改革。对家长来讲，更容易了解学生在学校的表现，配合学校的教学工作来教育子女。总之，学生评价的终极目的是为了帮助学生更好地发展，提高教育质量。

2. 学生评价的内容

学生评价包含对学生哪些方面进行评价（内容）和如何对学生进行评价（方法）两方面的内容。学生评价的内容主要有：学生学习效果的评价，情感道德价值观的评价，学习能力和交流能力的评价，身心健康以及审美素养的评价等。然而，在日常的教学活动中往往只重视学生学习效果，忽视对学生其他方面的评价。而且对学生学习效果的评价往往只采用分数对学生进行评价，所以在学生、家长、教师的眼里追求的只有分数，分数的标签作用在于说明他是否是好学生，而忽视了学生的情感态度价值观和行为，这种评价对学生的成长没有真正意义上的帮助，是没有灵魂的评价。要想使评价作为促进学生发展的评价，必然要求教师对学生做全面的评价。

对学生进行全面的评价主要包括以下几方面的内容。一是对学生学习效果的评价。这个评价主要包括学生学习新知识及对新知识的加工能力，学生对不同科目学习方法掌握和运用的能力，学生对自己学习过程的监控以及元认知能力等。二是学生在学习过程中形成的情感态度价值观的评价。这个评价主要包括，学生在学习某一科目中形成的态度是否积极，在课堂教学过程中能否积极参与，在讨论的过程中能否习得正确人生观和价值观。

对学生进行发展性评价，就要重视学生在学习过程中想象、推理和创新能力的发展；强调学生评价的全体性、内容的多元性、标准的多重性和方式的多样性；注重评价过程中的互动，以使学生的心灵世界在交流中产生强烈的共鸣；承认学生的个体差异，重视学生的个性发展，相信学生的判断力，承认学生在课堂教学中的独立价值，尊重学生各方面的发展需求。

教师对学生进行评价不仅要了解对学生哪些方面进行评价，而且还要知晓如何对学生进行评价。对学生进行评价一般的步骤为：明确评价的目的和内容；明确所要采用的策略和技术；明确评价过程中信息和数据的记录、收集方式；收集有价值的问题；妥善处理和使用评价的结果。[①]

总之，学生评价是为学生发展服务，为教学服务。不同的评价方法既有其优势也有其不足，充分了解每一类型的优势，在实际评价活动中综合采用不同的评价方式，创造出许多可操作，行之有效的评价方式，使教师和学生在评价学生中都得到发展和提升。

---

① 卢锦芬. 绿色学生评价环境的营造. 教育评论，2005(4).

(二)教师如何评价学生

教师评价学生是学生评价中的重要内容，它对学生的发展起到一定的指引作用。因学生对自己的认识是通过他人来认识的。教师作为学生成长过程中最重要的他人，他对学生的评价当然会影响学生对自己的看法。所以，教师在评价过程中要注意自己对学生造成的影响。以下从教师日常评价、成长记录档案袋评价、书面测试和活动观察测试等方面来具体说明教师如何评价学生。

1.教师日常评价

教师是学生心中的"权威人物"，"是儿童心目中最神圣的偶像"（黑格尔语）。学生有向师性，渴望能从教师那里获得指导信息，了解教师对自己的态度和期望。教师对学生的评定，无论是结论，还是方式，都会对学生的心理产生重要的影响。在学校生活中，教师差不多天天在评定学生，每堂课、每次活动也差不多都伴随着评定活动，然而却很少有人想到自己的评定会引起学生何种心理效应，因而评定也大多数处于盲目、随意状态中，评价、评定这种经常的普遍的施教措施也就未能发挥出积极作用。正是由于教师评定的广泛性和随时性，并且对学生的学习、生活乃至情操、人格等诸多素养都产生着重要的调控和影响作用，深入研究教师对学生进行日常评价显得十分重要。教师对学生进行的日常评价主要有真实性评价和即时性评价。

（1）真实性评价。真实性评价是指当一个评价使学生进入一个具有重要意义的任务中时，这个评价就是真实的。这样的评价看起来像是学习活动，而不是传统的测验。它要求学生具有更高级的思维能力和综合的多学科知识。它是通过详细的标准来向学生说明做好他们的作品意味着什么，并通过这些标准来判定学生的作品。从这一点上说，真实性评价是基于标准的，但不是传统标准化评价工具。真实性评价涉及各种活动，比如口头访谈、团体解决问题的任务、写作等。真实性评价的一般原则包括：把握基本学习活动的中心任务；反映真实的生活，学科间的挑战；给学生呈现比较复杂的、不确定的、开放的问题以及整合知识和技能的任务；观察学生完成的作品或学生的表现；设定标准，指引学生向更高、更丰富的知识水平前进；认可和重视学生的多种能力、各种学习风格以及各种文化背景。

如何进行真实性评价？第一，首先要确定观察学生什么。第二，有规律地对所有学生进行观察。第三，记录观察的结果。第四，用多种观察资料来提高观察的真实可靠性。

为了使观察法能为真实性评价提供一些可靠的资料，评价者应注意做好以下几项工作：

①重视相互关联的行为。要对学生的心理及其行为作深入的了解，观察工作就不能只停留在表面现象上，而应力争把握学生行为的发生、进展、终了等一系列变化的全过程。否则，就难以对其行为变化及动机作出详细的诊断。因此，应把自然观察和选择观察结合起来，以便抓住各种现象之间的联系，分析其相关性，提供有价值的评价资料。这里的自然观察，即在自然状态下的日常观察，是以观察学生的生活为主；选择观察，即限制性观察，从特定的目的出发选择必要的观察场面和观察时机。

②做好客观的观察记录。在学校教育评价工作中，观察的范围很广泛，时间长短也不一。在这种情况下，即使是经验丰富的教师也难以做到久记不忘，况且人的记忆总是有限的，面对复杂多变的动态现象，全凭记忆是靠不住的，需要做好观察记录，以便备忘。记录的方法可以自定，但常用的有两种，即行为摘录法和评定量表法。前者是将见到的各种行为照实予以摘要记录，后者是针对各种行为的特点，按照其价值程度分等进行记录。

③认真解释观察记录资料。在评价工作中，有时出现评价结果的解释与记录相脱节的现象，评价是只凭印象分析，没有出示记录，这就没有发挥观察记录在评价活动中的作用。提供记录的目的，在于作出科学的解释，否则，记录得再好也没有实际意义。为了提高解释记录的科学水平，还应主动取得有关专家和教师的帮助，从而集思广益，有效地进行资料解释工作。

④努力提高观察水平。提高观察水平是做好观察工作的基础。因此，作为观察者，应进行自我训练减少观察中的主观随意性。提高观察水平，应做到以下几点：

a. 深入了解所要观察的目的，并将它具体化、明确化。

b. 调节自己的情绪，尽量避免个人偏见或习惯的影响。

c. 感官要敏锐，力争做一个"眼观六路，耳听八方"的观察者。

d. 比较、鉴别正常的行为和异常的行为，防止片面性。

e. 实事求是地作观察记录，不能用个人意见代替客观实际观察。

(2)即时性评价。即时性评价是指教师针对学生在行为习惯、个性、意志、心理素质等方面出现的问题，不受时空限制地进行及时评价，发挥教育的功能。通过即时性评语可以针对学生的学习态度、知识现状及个性、心理等进行更贴近实际的情感交流。即时性评价使师生活动的范围不再局限于学校和课堂，还可以延伸到社会和家庭。教师即时性评价不能随意地对学生进行评价，而是要根据一定的目标，对学生的身心作出即时性评价。即时性评价要从学生的情感接受程度人手，表达教师的关心和期望，增强学生的自信心和自尊心，激励学生追求新的目标，点燃希望之火。下面是即时性评价的案例。

涓涓细雨暖童心

——用爱心写好操行评语的一点体会

湖北省浠水县长流畜牧公司子弟学校 南春旺

每逢期末，为学生写好操行评语是班主任一项繁重的工作，它客观公正地反映了一个学生在一个学期内的思想品德、学习成绩、劳动技能、身体心理等方面的变化。一份充满激励性语言、充满爱心、恰到好处的操行评语，不仅可以激发学生的学习兴趣、人格自尊和自信，可以让学生从字里行间看到老师的殷切希望，而且还能密切师生关系，促进学生健康成长，同时还为家长全面了解子女提供依据。所以，用爱心写好操行评语是当今推进素质教育的重要途径之一。

　　从爱心出发，努力寻找学生学习和生活中的闪光点，克服过去千人一面、古板生硬、抽象空洞的说教，而代之以寓情于理的语言，以第二人称的语气、发展的眼光、亲切具体地对学生进行激励性评价，这是写好操行评语的重要前提。我班有名叫徐强的留级学生，由于父母外出打工，他寄住在外婆家，平时自控力较差，管不住自己；上课注意力不集中，作业丢三落四，还不按时完成；不爱看书，却爱打架滋事。我多次做他的思想工作，但收效不大，依然我行我素，令人伤透脑筋。在写评语时，我尽量寻找他的闪光点：虽顽皮，但长着一幅聪明模样，具有一定的组织能力，很会讲故事，有时字写得蛮漂亮，另外从他的名字也可以看出他父母对他所寄予的希望。为此，我给他写下了以下的评语：徐强，多么好听的名字。强，坚强，奋发图强，要知道你的名字里寄予着你父母多少期望啊！看你虎头虎脑顽皮模样，自从你转到我班，老师就打心眼里喜欢你。同学们都称赞你讲的故事娓娓动听、引人入胜。老师夸奖你主持的"六一晚会"相当成功。你写的字真漂亮，如果那漂亮的作业能在规定的时间完成，那该多好啊！你一定想成为一个知识渊博的聪明人吧！那就从现在做起，要管住自己，多看书学习，因为聪明来自勤奋。

　　发下评语，他看后冲我高兴地笑了。本学期一开始，他的学习积极性提高了，上课认真听讲，积极举手回答问题，下课抢着擦黑板做好事。他父母外出打工回来高兴地对我说：这孩子像变了一个人似的，比以前懂事、听话多了，每天放学做完作业还能看看书或帮做家务活。这不是爱心评语带来的效果吗？

　　还有一位叫李丽的女学生，是独生女，父母都经商。家里处处都宠着她，养成花钱大手大脚的毛病，不爱劳动；老师讲课爱插嘴，个别老师和同学都有些烦她；学习不努力，整天乐而无忧，一副满不在乎的样子。但我发现她对班集体开展的活动热情很高，到校挺积极，读书嗓门大。我何不用她的优点来激发她改正缺点呢？为此，我对她作了以下的评价：你是一个活泼可爱的小女孩，你不知道什么是忧什么是愁。老师时常看到你在操场上蹦蹦跳跳的轻捷的身影，欢乐的笑脸，更看到你那关心班集体的认真的态度，专注的神情。如果你对学习能有关心班集体那份热情劲，该多好啊！老师们都说，小丽上课回答问题声音真响亮。同学们都说小丽每天到校最早，如果今后能认真遵守课堂纪律，以积极发言来改正随便插嘴的毛病，这样老师会更喜欢你，同学们会更乐意与你交朋友。

本学期一开始，她有很大改观，上课专心听讲，积极举手发言，努力克制随便插嘴的毛病，劳动积极肯干，同学们还推选她担任劳动委员，花钱大手大脚的毛病改了许多。在"向灾区献一份爱心"活动中，她把自己积攒的零用钱全部捐出来，学习进步很大。

这种激励式、谈心式的评语，语言亲切生动，通俗易懂，字里行间充满着老师期望学生成才的亲情和互相理解、信任、尊重的友情，把教师与学生、教师与家长的距离一下子拉近了。

总之，一则好的评语，如春风温暖着每个学生，如春雨滋润着学生的心田，作为一名合格的班主任，我们应该用爱心、真情写好每位学生的操行评语。[①]

2. 成长记录档案袋

档案袋评价是通过档案袋进行评价的一种方法。它主要通过汇集学生作品的样本，来展示学生的学习和进步状况。

使用档案袋评价要注意以下问题：

①明确主题。即用档案袋评价什么？教师首先需要考虑要求学生掌握的知识和技能是否适合使用成长档案袋评价，有关的学生作品样本到底能不能提供关于学生技能掌握情况的参考信息，并成为成长记录档案袋的连续焦点？教师要针对内容选择适合的评价方法，有些内容适合进行档案袋评价。教师一旦决定做档案袋评价就意味着教师和学生踏上了漫长而严峻的旅程。

②让学生有自己的成长档案袋。为了使成长档案袋能准确反映学生作品的发展历程，培养学生的自我评估能力，学生必须明白档案袋的使用和作用，认

---

① 南春旺. 涓涓细雨暖童心——用爱心写好操行评语的一点体会. 人民教育，1999(8).

识到成长档案袋是他们自己作品的集合，而不是收集教师临时评分的容器。

③教师和学生知道档案袋中装什么。不能认为档案袋是个筐，什么都往里面装。教师和学生要共同制定作品质量评价的标准，装一些能体现学生能力发展的系列作品。这个系列作品是学生在一定的时间序列中完成某一学习计划所创作的各种类型的作品集。

④收集和存放作品。学生要在完成指定作品后将其收集起来，放进一个合适的容器（如文件夹和笔记本），然后将其放进文件柜或其他合适的场所。必要时教师要帮助学生决定是否将某一作品装入成长记录袋。成长记录袋的内容如何组织取决于收集作品样本的性质。

⑤谁来装。由学生根据作品标准选择能代表自己水平的作品。学生在选择作品的过程中成为评价的主体，这样更有利于促进学生成为真正的学习主体。如何对档案袋中的内容进行评价？学生在教师的指导下自我评估作品样本，并在评估表上简要写下优缺点，发展学生的自我评价能力，同时还可以召开作品展示会，通过家长、学生、教师之间的交流来促进学生的发展。

⑥学生不断对其成长记录袋作品进行评估。在教师的指导下学生评估自己的作品，并在记录纸上写下自我评估的意见，包括作品的主要优点和不足，以及如何予以改进的设想，最后让学生写上日期，以便追踪学生自我评估能力的发展。

⑦调动家长来参与成长档案袋评价活动。教师鼓励家长定期回顾、评估其子女的作品，利用家长的教育资源给学生以帮助，学生就会感觉到成长记录袋的重要性，促进学生的发展。

[案例]

初中阅读与写作的成长档案袋

一位初中学生档案录中对自己一年来的阅读和写作进步的自我评估

姓名：　　　　日期：

自我评估：

(1)你是否已成为一名读者？你有哪些长处和不足？

要成为一名读者，我已为之努力了许多年。我唯一的不足是还没养成读书的习惯。但是我一旦读起来，我就忘记了周围的一切。我还是爱读书的！

(2)你是否已成为一名作者？你有哪些长处和不足？

要成为一名作者，我认识到要做许多工作，最终才能写成一篇文章。拼写是我的主要问题。句子结构和标点符号是我的长项。

(3)回顾自己的工作，你会为自己成为读者和作者确定什么目标？

要成为一名读者，我要阅读更多的书；要成为一名作者，我打算更深入地检查我的工作。

自我反思：

(1)当你看着自己的档案录，作为一名作者，你感觉如何？为什么这样认为？

我对自己是一名作者觉得了不起。我开始得比较迟，但从开始的那年起，我已提高了95%。我要继续不断地提高。

(2)当你看到自己的档案记录，作为一名读者你感觉如何？为什么这样认为？

我对自己是一名读者感觉格外好。我爱读书，我喜欢我在真正读完一本书后才有的这种感觉。

3. 书面测试

书面测试是让学生回答一系列与教育目标相关的有代表性的问题，从学生对问题的回答中，提取信息并根据一定的标准进行判断的过程。书面测试是教学过程经常使用的一种测试方式，主要考察学生的认知学习，也是学生学业评价中最成熟的方式。它与其他评价方式相比较具有较强的客观性。书面测试的性质与测试的目的是相关的，试题的形式也是多种多样的。

(1)书面测试的分类。对学生进行的书面测试，根据不同的目的可以有不同类型的测试。

按照测验编制方式可以把它划分为：标准化测试和教师自编测试。标准化测试是按照一定的方法和步骤，由学科专业人员和测验编制机构共同编制的。在编制过程中，一般有测试指导书或测试大纲，以及根据测验大纲制定出的测试命题细目表，而后编制出成套试题；同时，还要对试题进行预测，严格制订评分标准，统一要求阅卷步骤，提供解释分数的常模等。标准化测验具有较高的信度、效度和较强的客观度。

教师自编测验是指教师根据自己的教学情况、经验以及对教学目标的认识，自行设计和编制并确定评分标准的测验。这种测验比较简便易行，但没有标准化测验那样具有较高的信度、效度等。

根据测验试题的应答方式可以将其分为客观试题和主观试题。客观试题是学生在测验中从事先提供的多种答案中确认出一个正确答案，如选择题、是非题、匹配题等。客观题容易考查学生对基本知识的记忆和判断能力，量大、覆盖面广，答案是确定的，评分标准统一，克服主观因素对评分标准的影响，而且容易掌握，测验结果可靠。但局限性比较明显，不能测出学生的思维过程，无法排除猜测答案的可能，无法考察学生的表达能力和创造力。

主观试题是让学生根据对测验所提问题的认识和理解，用自己的语言来形成答案，如简答题、论述题、案例分析题、应用题、作文题等。主观性试题比较强调学生的主动性和答题中对所提问题的思考过程，有益于测量学生分析问题和解决问题的能力，是对较高级思维过程和能力的测试。但它有主观性较强、评分标准难统一、测验费时、题量小等局限。

对于书面测试所使用的试题，应该注意到试题与测试目的的相关性，了解对同一个问题可以用不同的试题来测试，同时也需要考虑同一个试题如何在不同的条件下运用的问题，评价标准不可能是单一的，要有多方位的评价标准或者是侧重某些方面的评价标准。

（2）如何提高书面测验的可靠性和有效性。测试的可靠性和有效性也被称为测试信度和测试效度。无论哪一种测试都会遇到这两个问题。

测试的可靠性即它的信度，也即测试的稳定性，如果测试的内容一致，在几天内考同一个学生，他（她）的测试结果有很大差异，那测试的结果就很不可靠。测试的结果是要衡量某种相对的稳定的东西，例如数学公式、语言知识，因而测试的结果不应该在一两天的时间内出现戏剧性的变化。通常，对同一对象相同内容的几次重复测试其结果不会变化很大应该基本一致，这种稳定性就是测试的可靠性。在测试中我们并不要求绝对的稳定，不能苛求学生的成绩每次都是一样的。一般在相同情况下，两次测试分数具有相对稳定性。在进行测试时，我们试图通过"测试——再测试"来确定测试的可靠性。总之，测试是衡量的尺度，要使测试可靠就要得出可靠的结果，如果每次的结果都不一样，数据不相同，那就没有意义。在通常情况下测试的结果如果是稳定不变的，这样的测试就有较高的信度。

测试的效度指测试的内容应该符合测试的意图。例如评阅作文就是对学生运用语言能力的考查。如果批阅作文的人以个人的爱好为标准，同意其观点就给高分，这就会影响测试的有效性。虽然教师的评分标准可能是稳定的：每当文章中的观点与自己的相同，总给 A，反之则给 D，评分标准始终划一，也十分稳定。但作为衡量学生的语言使用和掌握情况的测试，它就不是十分有效。设想如果我们要知道一个正方体的边长，不去用绳子或尺子量，却用秤来称它，反复称过后，每次得到的结果相同，数据也很可靠，但是它是无效的，因为它们不是我们所要的正方体的边长。当然长度和重量之间有一定的联系，边长较长的正方体可能比较重一些，但无论如何称重量总不是测量长度的正确方法。

测试中会出现这种情况：几次测试的结果相同但实际上却没能够实现测试意图，没有达到我们所要考察的目的。一个不可靠的测试可能是有效的吗？通常，只要测试的结果是可靠的，就能获得一定的结论，但如果结果不可靠，就不可能从中得出任何结论。因而，失去了可靠性，有效也就不复存在了。确定了可靠性，才能谈它的有效与否。

(三)学生如何进行自我评价

1. 自我评价的内涵

自我评价是指被评价者参照评价指标体系对自己的活动状况或发展状况进行自我鉴定。自我评价实质上就是评价对象自我认识、自我分析、自我提高的过程。评价对象积极参与到评价活动中来，不仅有助于评价对象及时发现自己的问题并及时改进，而且有利于消除评价人员与评价对象之间可能出现的对立情绪，使评价结论更容易为评价对象所接受。所以在倡导评价主体之间双向互动、相互理解的当代教育评价中，自我评价越来越为人们所重视，特别是在以发现学生的问题、寻找解决问题的方法、促进学生的发展为根本目的的形成性评价中，自我评价显得更为重要。但是，由于自我评价一般没有一个客观的统一标准，其主观性比较强，容易出现对成绩或问题估计过高或过低的现象。这是自我评价的突出缺点。因此，开展自我评价时要特别注意对自我评价者的引导，并把自我评价与他人评价有机地结合起来。

自我评价是指在个体内部就其自身的状态所作的价值判断。自我评价具有三个特点：①个体既是评价主体又是评价客体，把评价的主体和客体融为一身；②个体可以从自己的实际出发设定评价标准；③比较的方向是个体自己同自己比，一般不与他人相比。由此可见，自我评价强调自律性。

从心理学的观点看，自我评价是个体生理心理特征的判断，是自我意识的重要组成部分。在青少年的心理生活中，自尊或自卑的自我评价意识有很大的作用。人们经常把自己看做是有价值的、令人喜欢的、优越的和能干的人。如果一个人看不到自己的价值，只看到自己的不足，什么都不如别人，处处低人一等，就会丧失信心，缺乏积极性；相反，如果一个人只看到自己的长处，别人什么都不如自己，就会产生盲目乐观情绪，自以为是，自我欣赏，这样就不能处理好人际关系，而且在遇到挫折时容易产生苦闷心理。

重视自我评价，可以增强学生自我教育、自我管理的责任感，特别是可以通过自我评价了解自己的进步状态，从中受到激励，增强自信心，形成自我约束的良好行为习惯。正确评价自己的前提是正确地认识自我，明确自己的角色，明确自己的任务，并努力去实现自己的理想目标。通过评价，看到优点，可以增强信心；找到缺点，可以促进提高。一个人如果不能正确评价自己，实际上是不能正确认识自我的表现。

2. 指导学生进行自我评价

评价学生最终要让学生形成一个正确的自我评价的能力，通过学生的自我评价来促进学生的自我发展。然而，如何指导学生进行自我评价，其主要步骤如下：

(1)认识自我。学生对自己的认识主要是通过他人对自己的评价来进行自我认知，同时，学生对自我的正确全面的认识却往往离不开学生对自我的认识。很多时候，学生就是通过自己对自己的观察、分析来进行自我评价的。但是，在个体发展的早期，由于心理水平低下，经验贫乏，很难对自己进行全面正确的评价，形成正确的自我意识。当个体发展到一定阶段时，他们的认知能力和知识经验已经达到能够对自己的心理和行为进行全面分析的水平，已经具备正确认识自己的可能性。这时，个体通过分析自己的需要、动机、兴趣、爱好、理想、信念、世界观等个性倾向性，能力、气质、性格等个性心理特征，以及认知、情感、意志等心理活动过程，就能对自己形成比较正确的认识。

教师应教给学生全面看待自己的方法，即不仅要看到自己的长处，也要看到自己的短处；不仅要看到自己的成绩，也应看到自己的不足；既要有"人皆可以为尧舜"的自信，又要有谦虚谨慎、虚怀若谷的胸襟。教师在指出学生的缺点时，一次不宜讲得过多，更不能夸大其词，妄下结论，说出"不可救药"或"朽木不可雕"等类的刺激话，这样极易伤害学生的自尊心，影响学生自我评价能力的健康发展。对于后进的学生，教师应尽力创造条件使他们产生成功的体验，努力消除他们的自卑心理，要使学生形成自我反省、自我强化、自我批评、自我调控的良好习惯。

(2)通过和自己设定的目标相比较来认识自己。个体的自我评价还与自己设定的目标有关系。例如，一个高中生给自己设定的目标是毕业后考上大学，假如高考后他真的被录取了，这将会坚定他以前对自己所持的肯定的评价，甚至提高他对自己的肯定评价，因为他达到了自己预定的目标。反之，如果他高考后落榜了，那将会降低他对自己的肯定评价，甚至会否定自己以前对自己所持的积极的自我意识。由于不同的人所设立的目标不完全相同，所以，同一个目标的达到，对不同的人就具有不同的意义。例如，高中毕业后，考上了一所非重点大学，这对那些只求上大学的高中生来说，就已经很满足了，因而会认为自己很不错，从而提高对自我的评价。但是，这对那些想上重点大学的学生来说，就会产生一种失败感，因为他们所期望的目的没有达到，于是会认为自己不行，从而会降低对自己的评价。个体总是在生活中设定各种各样的目标来指引和激励自己的活动，并通过实现这些预设的目标来评判自己的能力，体现自己的价值，确定自己的形象。目标和个体现有水平之间的差距影响个体对自己的看法。如果个体的目标达到了，就会产生一种成功感，也就倾向于认为自己是有能力的人。反之，如果个体的目标没有实现，个体就会认为自己失败了，是无能的人。目标定的是否合理是影响个体自我评价的重要因素。如果个体把目标定得过高，与自己的能力相差太远，个体就达不到自己的目标，导致失败。而一旦失败，个体就可能倾向于认为自己是无能的。如果个体把目标定得过低，就很容易实现目标，成功后又常常沾沾自喜，自以为很了不起，从而高估自己。这两种对自己的评价都是不正确的，都是对实际自我的歪曲反映，前者是错误的低估自己的水平，后者是高估自己的水平。个体确定的目标只有与自己的能力相匹配，个体才能通过努力实现自己的目标，既不感到特别苦难，也不感到特别容易。这样，个体对自己的认识才符合自己的实际情况，从而形成正确的自我意识。

(3)通过和别人比较来评价自己。社会心理学家费斯汀格认为，当个体为了准确认知和评价自己时，或在失去判断的客观标准时，往往进行社会比较，也就是同社会上与自己的地位、年龄、文化、职业等相同或相似的人进行对比，费斯汀格称此为"社会比较过程"。例如，一个高中生想了解自己的学习成绩处于何种水平，就需要和同年级、同班的其他学生进行比较，然后才能知道自己的学习成绩如何。一位运动员，在和其他人相隔离的情况下，是无法知道自己是处在上等水平、中等水平还是下等水平，只有把自己的成绩和其他选手的成绩相比较或到赛场上去比一比，才能知道自己的真实情况。这就是说，个体在对自己进行评价时往往要借助于外部的参照系。在评价自己的时候，个体常常把别人当作对象或靶子，通过和别人做比较，从而来给自己定位。一般情况下，个体都是把与自己处在同一水平的人作为自己的榜样。当个体通过和同阶层的人做比较，觉得自己在某一方面或所有方面都超过别人或与别人处在同一水平时，个体就会觉得自己是成功的，不落人后的。反之，当与他人相比较，发现自己处在同类人的后面，个体就会感到自己是失败的，就会产生挫折感。在这一过程中，个体如果与高于自己的人做比较，就会发现自己在很多方面不如别人，于是产生自卑感，从而否定自己，不能形成正确的自我意识。反之，如果个体与本来就不如自己的人相比较，就会发现自己在很多方面超过别人，从而产生沾沾自喜的感觉，于是就高估自己。当然，如果学生经常同自己的同班同学比较，可能会限制他们的视野，导致夜郎自大，故步自封，这些都是对自己的不正确的评价。因此，教师要指导学生放长眼光，与全校学生比，与其他学校的学生比，与历史上的成功人物比，从而进一步发现自己的差距，激发学生向上的力量。

(4)通过别人的评价来认识自己。个体对自己的评价，常常以别人对自己的评价为参照，受别人对自己评价的影响。如果一个人从小学开始，在学习上总是得到老师、家长和同学们的赞扬，就会使其提高对自己学习成绩的评价。反之，一个人从小学开始，就总是受老师、家长和同学们的批评甚至挖苦，那么，他（她）很可能会认为自己的学习一塌糊涂，不可挽救，从而丧失自信心。正是在这种意义上，社会心理学家库利认为，别人对自己的态度、看法犹如一面镜子，通过这面镜子，个体可以看见自己，因而也可以评价自己。应当指出的是，作为镜子的他人评价，并不是指某个人的某一次评价，而是多数人特别是那些对自己了解较深刻、较全面、较准确、关系较密切的人所作的经常的、稳定的评价。个人在发展的早期就是通过别人的评价来认识自己的各个方面的。后来，尽管个体长大了，但他们并没有完全放弃这种认识自己的方法，而是照样看重和应用这种评价。应该说，随着年龄的增大，心理发展水平的提高，经验的丰富，个体认识自我时更多依赖自己的价值观，但实际上个体更多的是看重别人对自己的评价，特别是那些依存性严重的人，他们就更看重别人对自己的评价。在认识自我的过程中，既不能一点都不看重别人的评价，也不能完全依赖别人的看法。正确的做法是，既考虑到别人对自己的评价，同时更要实事求是地分析自己，只有兼顾来自内外两个方面的信息，个体才能形成正确的自我意识。

同伴评价活动表

你的姓名：

同伴的姓名：

要解决的问题或要开展的项目：

1. 我意识到的同伴的特殊能力表现如下：

2. 我的同伴对项目的独特贡献是：

3. 我的同伴在如下方面似乎有困难：

4. 在解答与解决问题中，我的同伴给出了如下的建议：

5. 我意识到的同伴的特殊能力表现如下：

6. 同伴和我在一起工作将会获得更大的成功，如果：

同伴自我评价活动表

你的姓名：

同伴的姓名：

要解决的问题或要开展的项目：

1. 我的特殊能力在以下几个方面有利于完成项目：

2. 我对项目的独特贡献是：

3. 我在如下方面似乎有困难：

4. 在回答与解决问题中，我给出了如下的建议：

5. 我意识到并运用了如下的特殊能力：

6. 我和我的同伴在一起工作将获得更大的成功，如果：

参考文献

[1]国家中长期教育改革和发展规划纲要(2010—2020).

[2]联合国教科文组织. 教育——财富蕴藏其中. 北京：教育科学出版社，1996.

[3]联合国教科文组织. 教育的使命——面向二十一世纪的教育宣言和行动纲领. 北京：教育科学出版社，2008.

[4]叶澜，白益民. 教师角色与教师发展新探. 北京：教育科学出版社，2001.

[5]于淑云，黄友安. 职业道德、心理健康和专业发展. 北京：首都师范大学出版社，2007.

[6]任顺元. 师德概论. 杭州：浙江大学出版社，2005.

[7]陈静. 教师道德建设. 武汉：华中师范大学出版社，2006.

[8]杨超，沈玲. 中小学教师职业道德规范培训读本. 北京：中国轻工业出版社，2009.

[9]朱小曼. 教育职场：教师的道德成长. 北京：教育科学出版社，2004.

[10]付维利. 师德读本. 北京：高等教育出版社，2006.

[11]王辅成，史文校，等. 教师职业道德修养. 北京：北京理工大学出版社，2005.

[12]李秉德. 教学论. 北京：人民教育出版社，1998.

[13]裴娣娜. 现代教学论(第一卷、第二卷、第三卷). 北京：人民教育出版社，2005.

[14]胡德海. 教育学原理. 兰州：甘肃教育出版社，2002.

[15]胡德海. 人生与教师修养. 上海：上海教育出版社，2008.

[16]杨晓. 语文课程中的人文精神——从理念到运行. 兰州：甘肃教育出版社，2010.

[17]卫建国，杨晓. 基础教育课程改革的理论与实践. 北京：北京师范大学出版社，2012.

[18]于漪. 我与语文教学. 北京：人民教育出版社，2003.

[19]胡晴. 学校教育与个性发展. 北京：知识出版社，1999.

[20]陈向明. 教师如何做质的研究. 北京：教育科学出版社，2001.

[21]中华人民共和国教育部. 素质教育观念学习提要. 北京：生活·读书·新知三联书店，2001.

[22]饶见维. 教师专业发展——理论与实务. 台北：五南图书出版公司，2005.

[23]（加）范梅南. 教学机智——教育智慧的意蕴. 北京：教育科学出版社，2001.

[24]（苏）苏霍姆林斯基. 给教师的建议. 杜殿坤译. 北京：教育科学出版社，1984.

[25]（美）杜威. 民主主义与教育. 王承绪译. 北京：人民教育出版社，2001.

[26]（美）杜威. 我们怎样思维. 姜文闵译. 北京：人民教育出版社，1991.

[27]（美）Frederick J. Stephenson. 非常教师——优质教学的精髓. 北京：中国轻工业出版社，2002.

[28]（美）布鲁克菲尔德. 批判反思型教师ABC. 张伟译. 北京：中国轻工业出版社，2002.

[29]（美）帕梅拉·格罗斯曼. 专业化的教师是怎样炼成的. 李广平，何晓芳译. 北京：人民教育出版社，2012.

［30］（美）帕克·帕尔默. 教学勇气——漫步教师心灵. 吴国珍译. 上海：华东师范大学出版社，2005.

［31］（德）赫尔巴特. 普通教育学·教育学讲授纲要. 李其龙译. 杭州：浙江教育出版社，2002.

［32］（德）第斯多惠. 德国教师培养指南. 袁一安译. 北京：人民教育出版社，2001.

［33］（巴西）保罗·弗莱雷. 被压迫者教育学. 顾建新译. 上海：华东师范大学出版社，2001.

［34］（日）筑波大学教育学研究会. 现代教育学基础. 上海：上海教育出版社，1986.

［35］（日）佐藤学. 教师：两难问题. 世织书房，1997.

［36］（日）佐藤学. 教育学方法. 岩波书店，1996.

［37］Tochon, F. V. (2008). A brief history of video feedback and its role in foreign language education. CALICO Journal，25(3)：420-435.

［38］Donnay, J. , & Charlier, E. (1990). Understanding educational situations：Training educator for the analysis of practice. Brussels：De Boeck.

［39］Powell, E. (2005). Conceptualising and facilitating active learning：teachers' video-stimulated reflective dialogues. Reflective Practice，6(3)：401-418.

［40］Brinko, K. T. (1993). The practice of giving feedback to improve teaching：what is effective? The Journal of High education，64：574-593.

［41］Schon, D. A. (1983). The reflective practitioner：How professionals think in action. London：Temple Smith.

［42］Freidson, E. (1994). Professionalism Reborn：Theory, Prophecy, and Policy, Cambridge：Polity Press.

［43］Kimball, B. A. (1992). The "True Professional Ideal" In America,

Cambridge：Blackwell Publishers．

［44］Hoyle．E Professionalization and Deprofessionalization in Education．Worrld Yearbook of education 1980：Professional Development of Teachers．London：Kogan Page，1980：43-53．

［45］方燕萍．教师应当知道什么、能够做什么．教育研究信息，1997(4)．

［46］贾群生．专业性教师行为分析：教师研究的新视野．教育研究，2009(12)．

［47］宋广文，魏淑华．论教师专业发展．教育研究，2005(7)．

［48］肖正德，李长吉．山村小学青年教师需要的叙事研究．教育理论与实践，2003(7)．

［49］牛利华．教师专业共同体：教师发展的新模式．教育发展研究，2007(12)．

［50］林润之．构建教师专业发展共同体 提高教师专业化发展水平．教育理论与实践，2007(9)．

［51］徐丽华，吴文胜．教师的专业成长组织：教师协作学习共同体．教师教育研究，2005(9)．

［52］杨超，夏惠贤．同伴指导——教师自我培训的新模式．外国中小学教育，2005(5)．

［53］卢乃桂，王晓莉．析教师专业发展理论之"专业"维度．教师教育研究，2008(11)．

后　记

　　本书是中小学教师培训用书，是为适应中小学教师职后提升专业品质，促进专业发展而写的，也可以作为师范院校学生教师专业发展培训之用。著者力图在理论与实践的深度结合上，力争体现立足现实、多元开放、促进教师从"教学技术员"走向"反思实践者"的终身发展理念。本书也是作者主持的山西省高等学校哲学社会科学研究项目《山西教师地方性知识的教育能力与有效培训研究》的阶段性成果之一。

　　感谢北京师范大学出版社为本书出版提供的支持和帮助，感谢山西师范大学教师教育学院 2012 级研究生为本书提出的意见；感谢山西省各县换岗教师提出的中肯意见。

　　在本书写作过程中，参考了大量的中外文论著，引用了大量的研究成果，而在引注中有可能挂一漏万，在此特别加以说明并向它们的作者致以衷心的感谢。本书的问世，得到了北京师范大学出版社陈红艳女士不可或缺的帮助，在此要向她表示诚挚的谢意！

　　限于水平和时间，书中错漏在所难免，恭请读者批评指正。

杨　晓

2013 年 4 月 30 日